此著作由辽宁省社科规划基金项目"CEO集权对公司风险承担的影响及对策研究：以辽宁省为例"（L16BGL009）资助出版

CEO权力、风险承担与公司成长性

——基于投资者保护机制的调节效应研究

李海霞 / 著

中国财经出版传媒集团

经济科学出版社

Economic Science Press

图书在版编目（CIP）数据

CEO 权力、风险承担与公司成长性：基于投资者保护机制的
调节效应研究/李海霞著 . —北京：经济科学出版社，2017. 5
　ISBN 978 - 7 - 5141 - 8061 - 9

　Ⅰ. ①C…　Ⅱ. ①李…　Ⅲ. ①上市公司 - 风险管理 - 研究 -
中国　Ⅳ. ①F279. 246

　中国版本图书馆 CIP 数据核字（2017）第 119298 号

责任编辑：周国强　李　建
责任校对：王苗苗
责任印制：邱　天

CEO 权力、风险承担与公司成长性
——基于投资者保护机制的调节效应研究
李海霞　著

经济科学出版社出版、发行　新华书店经销
社址：北京市海淀区阜成路甲 28 号　邮编：100142
总编部电话：010 - 88191217　发行部电话：010 - 88191522
网址：www. esp. com. cn
电子邮件：esp@ esp. com. cn
天猫网店：经济科学出版社旗舰店
网址：http：//jjkxcbs. tmall. com
北京密兴印刷有限公司印装
710 × 1000　16 开　13 印张　200000 字
2017 年 6 月第 1 版　2017 年 6 月第 1 次印刷
ISBN 978 - 7 - 5141 - 8061 - 9　定价：42. 00 元
（图书出现印装问题，本社负责调换。电话：010 - 88191510）
（版权所有　侵权必究　举报电话：010 - 88191586
电子邮箱：dbts@ esp. com. cn）

前　　言

有关"风险承担"的研究是近年来金融学和财务学的热点问题之一，特别是 2008 年美国金融危机爆发后，更是引起了理论界、实务界和相关政策部门的广泛关注。大量的研究显示，美国金融危机的根源在于公司过度的风险承担，而过度的风险承担又是由于对管理层权力不恰当的控制而导致的。

两权分离的现代企业制度下，管理层和董事会之间对决策权力的争夺一直是公司治理关注的重要问题。理论上董事会对公司决策制定具有绝对权力，但由于信息不对称、董事会"搭便车"及"内部人控制"等公司治理缺陷，使得公司控制权自然向管理层转移，位于科层结构顶端的 CEO 权力更是不断膨胀，甚至拥有了超越董事会的绝对影响力。这种个人权力高度集中的内部治理结构不仅会影响公司业绩水平，更会反映到公司的业绩波动上，从而影响公司的风险承担水平。在我国，职业经理人市场制度还不够完善，上市公司的 CEO 经常来自于控股股东或者直接由董事长、副董事长兼任，特别是在国有背景的上市公司中，"一股独大"和"所有者缺位"现象并存，这就使得 CEO 权力更加集中。因此，系统而又深入地研究我国上市公司 CEO 权力对公司风险承担的影响不仅理论上可行，也具有重要的现实意义。

早期的一些研究认为，公司风险承担或冒险行为能够让公司抓住更有利的投资时机和投资项目，获得更高的收益和更好的发展。发生于美国的金融危机却向世界各国敲响了警钟：过度的风险承担不但不利于公司的成长，反而可能会使公司一蹶不振乃至破产，进而引发严重的经济后果。同时，大量的实践也表明，那些不顾风险，飞速扩张的企业往往消失得也最快。因此，在美国金融危机和中国经济转型不断深化的背景下，进一步探讨公司风险承担对公司成长性的影响，找出危机根源，避免重蹈覆辙，这对于正处于新兴转轨时期的中国以及中国企业来说，就显得更加重要和紧迫，也更加具有现实意义。

进一步，投资者保护作为一项重要的公司治理机制，其对公司管理层行为的监管以及对公司风险承担的抑制作用已得到了西方学者的广泛关注。由于我国与欧美等西方国家在政治、经济和法律体制上存在着较大差异，这些研究结论在我国是否成立还是个未知数，且目前国内也鲜有这方面研究。因此，有必要在对 CEO 权力、公司风险承担与公司成长性关系研究的基础上，进一步引入投资者保护机制，基于投资者保护调节作用的视角，对公司治理机制、风险承担与公司成长性之间的关系展开更为深入的探讨。

本书以我国深交所 2011 年 12 月 31 日前上市的 1079 家公司为研究对象，主要采用非平衡面板数据的固定和随机效应模型，并借助因子分析法和工具变量法，对 CEO 权力、投资者保护这两种内外部治理机制对公司风险承担的影响，以及公司风险承担与公司成长性之间的关系进行了实证研究。

通过研究，获得如下结论：

（1）CEO 权力越大，公司风险承担水平越高。在我国，上市公司 CEO 权力越大，公司业绩的横向离散度和纵向波动性越大，相应地，公司风险承担水平也越高。该结论表明，我国上市公司 CEO 权力与公司风险承担的关系符合行为决策理论关于"个人决策与公司极端业绩"关系的推论。

（2）相比于非国有上市公司，国有上市公司中 CEO 权力对公司风险承担的影响更加显著。相对非国有上市公司，国有上市公司的委托代理问题更严重，因此，CEO 高度集权引发的公司风险承担水平也更大。

（3）投资者保护水平的提高，能够显著降低 CEO 集权引发的公司过度风险承担问题。投资者保护机制的引入能够有效调节 CEO 高度集权引发的公司过度风险承担问题，因此，上市公司投资者保护程度越高，公司风险承担水平越低。

（4）相比于非国有上市公司，国有上市公司中投资者保护程度的提高对于公司风险承担具有更加显著的负向调节作用。国有上市公司中对 CEO 权力长期缺乏有效监督的局面将随着投资者保护程度的提高而得到更加显著地改善。因此，相比非国有上市公司，投资者保护程度的提高对公司风险承担水平的负向调节作用在国有上市公司中表现得更为显著。

（5）公司面临的风险承担水平越高，公司成长性越差。公司风险承担对公司成长性呈现出显著的拖累效应，即公司面临的风险承担水平越高，公司成长性表现得越差。

（6）相比于非国有上市公司，国有上市公司中风险承担对公司成长性的拖累效应更加明显。如前所述，国有上市公司中 CEO 权力对公司风险承担的正向影响更加显著，而公司的风险承担又与公司成长性表现出显著负相关关系。综合这两方面的结论，本书进一步通过实证研究发现，相比于非国有上市公司，国有上市公司中的风险承担对公司的成长性的拖累效应更加明显。

（7）CEO 权力、投资者保护与公司成长性之间并不存在直接的、显著的相关关系，而是通过影响公司风险承担间接地对公司成长性发挥作用。本书在最后一部分实证中发现：CEO 权力、投资者保护水平并不能直接对公司成长性产生影响，只能是通过影响公司风险承担而对公司成长性间接发挥作用。同时，公司成长性在国有和非国有上市公司中表现出来的差异，也仅仅是由公司风险承担水平的差异决定的，CEO 权力和投资者保护并不能直接发挥作用。

本书的创新之处有以下 4 点：

（1）基于公司内外部治理机制交互作用的视角，对 CEO 权力、投资者保护与公司风险承担之间的关系进行了探讨。目前，专门从管理者权力出发，研究公司内部治理机制—CEO 集权对公司风险承担的影响的相关文献还较为少见。特别是着眼于公司内外部治理机制的交互作用，进一步研究投资者保护对 CEO 权力与公司风险承担关系的调节作用的文献，更是凤毛麟角。本书的研究丰富了公司治理与公司风险承担关系方面的探讨，也为宏观经济波动提供了来自公司治理层面的证据。

（2）在对公司成长性的研究中尝试性地引入了公司风险承担这一影响因素。以往关于公司治理与公司风险承担的相关研究结论往往是静态的、孤立的，并未能将其研究成果进一步的扩展。本书沿着"CEO 权力、投资者保护—风险承担—公司成长性"的研究脉络，就公司风险承担与公司成长性的关系进行了尝试性的研究，对影响公司成长性的因素给出了一个全新的解释。

（3）揭示了 CEO 权力、投资者保护对公司成长性的间接影响效果及公司风险承担行为的中介作用。该研究在一定程度上完善了公司成长理论，同时对于拓展该领域的相关研究具有一定的借鉴意义。

（4）对公司风险承担和投资者保护指标现有的衡量方法进行了改进。在公司风险承担的计算过程中，按行业和年度的均值对这个指标进行了调整。这种处理方法在一定程度上增加了公司风险承担衡量指标的科学性和研究结果的说服力，为相关问题的后续研究提供了有益的尝试。同时，本书使用因子分析法得到了反映各地区投资者保护水平的综合指数。这种指标处理方法不仅克服了现有衡量方法不全面、量纲不统一等问题，也为找到一个适合我国法律制度背景和上市公司现状的投资者保护指标提供了一定的借鉴意义。

目　录
CONTENTS

1 导　论

1.1 选题背景及意义

公司价值研究由两个重要维度组成——业绩的增长和业绩的波动。业绩增长显示了投资者财富积累的增长程度，而业绩波动则反映了投资者财富变动的平滑程度（Adams et al.，2005；Cheng，2008）。可以说，业绩波动是公司价值研究体系中一个不可忽视的重要指标。在资本市场中，波动被广泛用来度量风险，因此，学者也借用"业绩波动性"来衡量企业面临的风险，称为"风险承担"（Adams et al.，2005；Coles et al.，2006；Cheng，2008；Bargeron et al.，2010；Boubakri et al.，2011）。

近年来有关公司风险承担问题的研究引起了学术界和相关政策部门的广泛关注，特别是 2008 年美国金融危机爆发后，越来越多的学者开始将研究重点从公司业绩转向公司风险，不断探寻公司风险承担背后的影响因素。一些研究认为，美国金融危机的根源在于公司过度的风险承担，而过度的风险承担又是由于对管理层权力不恰当的控制而导致的（Bebchuk et al.，2010；Berndt et al.，2010；Board of Governors of the Federal Reserve System，2011）。

两权分离的现代企业制度下，管理层和董事会之间对决策权力的争夺一直是公司治理关注的重要问题。理论上董事会对公司重大事项具有决策权，且负责对管理层的监督和任免，因此具有绝对权力。但是，管理层权力理论指出，由于信息不对称、董事会"搭便车"以及"两职合一"等公司内部治理机制的缺陷，使得管理层尤其是位于科层结构顶端的 CEO 往往拥有较大的权力，甚至能够控制企业重大决策的制定。个人权力高度集中的内部治理结构往往会影响公司的业绩水平尤其是业绩波动，进而影响公司的风险承担水平。

在我国，由于职业经理人市场制度还不够完善，上市公司的 CEO 经常来自于控股股东或者直接由董事长、副董事长兼任，特别是，在国有背景的上市公司中，"一股独大"和"所有者缺位"现象并存，公司的实际控制权自然向管理层转移，CEO 权力不断膨胀，甚至拥有了超越董事会的绝对影响力（卢锐等，2008；王清刚和胡亚君，2011）。可见，在我国特殊的公司治理背景下，国有上市公司 CEO 高度集权的现象更加严重，CEO 权力对公司风险承担的影响也必将更加凸显。

众所周知，投资者是证券市场的基石与支柱，投资者保护问题一直是各国证券监管工作的核心，随着上市公司对投资者保护意识的提高，其对公司治理的影响引起了学术界的普遍关注。国外关于投资者保护对公司风险承担行为的影响已有部分研究，但由于我国与欧美等西方国家在政治、经济和法律体制上存在着较大差异，这些研究结论在我国是否成立还是个未知数，且目前国内也鲜有这方面研究。因此，在对 CEO 权力与公司风险承担行为关系研究的基础上，有必要进一步引入投资者保护机制，基于公司内外部治理机制交互作用的视角，对三者之间的关系展开深入的探讨。

早期的一些研究认为，公司风险承担或冒险行为能够让公司抓住更有利的时机和投资项目，获得更高的收益和更好的发展（Durnev et al.，2004；John et al.，2008；Fogel et al.，2008；Low，2009）。但发生于美国的金融危机却向世界各国敲响了警钟：公司面临的风险越高，发生危机的可能性也越大，过度的风险承担不但不利于公司的成长，反而可能会使公司一蹶不振甚至破产。同时，大量的实践也表明，那些不顾风险，飞速扩张的企业往往消失得也最快。在 2008 年的美国金融危机中，中国经济也不可避免地受到了一定程度的影响，特别是在全球经济下滑的大环境下，中国企业的生存环境正在发生着巨大变化：第一，中国企业正在面临着 30 年来少有的经济低谷期；第二，随着经济环境的恶化和经营环境的复杂化，中国企业的管理者在过去 30 年经济牛市下惯有的决策思维习惯已难以为继，公司管理者尤其是 CEO 依靠自身权力制定企业决策的风险无疑将大大加剧。因此，在美国金融危机和我国特殊的公司治理背景下，进一步探讨 CEO 权力引起的公司过度冒险行为给公司成长性带来的危害，并找到相应的解决对策，避免金融危机的余震对中国经济的进一步影响，迫切需要引起政策制定者和学者的高度关注。

本书基于"CEO 权力、投资者保护—风险承担—公司成长性"的框架，以公司风险承担作为研究的切入点，首先研究了 CEO 权力、投资者保护这两种内外部治理机制对公司风险承担的影响及作用机理；其次对风险承担与公司成长性的内在关系进行了深入剖析；最后揭示了 CEO 权力、投资者保护对公司成长性的间接影响及公司风险承担在三者关系中所起到的中介作用。

在国内外已有文献中，从公司内部治理（CEO 权力）及外部治理（投资者保护机制）交互作用的角度来研究公司风险承担问题的成果并不多见，进一步研究风险承担与公司成长性的文献更是凤毛麟角。本书尝试性地将公司内外部治理机制、公司风险承担及公司成长性这三个方面的内容结合起来进行研究，为三者之间的关系找到了一条贯穿首尾的逻辑线索和合理的解释。该研究不仅丰富了有关高管权力、公司风险承担与公司成长性关系问题的研究文献，而且从新的视角（投资者保护机制）探讨了调节三者关系的特殊的治理效应，为中国上市公司尤其是国有上市公司加强对高管的权力控制和提高投资者保护水平提供了新的证据和解决方案。同时，本书认为，科学合理的公司战略决策不能只关注公司业绩，更应该考虑业绩波动（风险承担）以及由此引发的公司成长性问题。对公司风险承担和成长性的关注不仅是公司治理建设的重点，也是未来我国企业能否持续保持竞争力、赢得国际竞争的关键。

1.2 概念界定

（1）CEO 权力。

CEO（chief executive officer）即首席执行官，是一个公司中负责经营运作的最高行政官员，同时也是股东权益的代表和公司决策的参与者。他由董事会任命，向董事会负责，而且在大多数情况下就是董事会成员。由于中国引入 CEO 体制比较晚，目前国内大多数上市公司并没有将拥有最高经营决策权的高管称为 CEO，但根据 CEO 在公司组织管理和执行层中的作用和地位，本书的 CEO 包括公司的总经理、总裁和首席执行官。

本书对于 CEO 权力的度量主要依据 Finkelstein（1992）的权力模型。Finkelstein（1992）认为，管理层的中心任务是处理不确定性，内部不确定性主要来自于董事会和其他高管人员，外部的不确定性则主要来自于公司自身目标和外部制度环境。依此，他将 CEO 的权力划分为位置（结构）权力、所有者权力、声望权力及专家权力。借鉴这种思路，同时结合中国上市公司具体情境，本书从位置权力、所有者权力、专家权力及自主决策权力四个方面、八个维度对我国上市公司 CEO 权力进行衡量，并以上述八个维度的虚拟变量之和作为 CEO 权力的最终衡量指标。

（2）风险承担。

在资本市场中，"波动"被广泛用来度量风险，因此，众多学者也借用"业绩波动性"来衡量企业面临的风险，称为"风险承担（risk-taking）"（Adam et al.，2005；Coles et al.，2006；Cheng，2008；Bargero et al.，2010；Boubakri et al.，2011）。风险承担可分为风险主动承担和被动承担两种，前者是企业在明知风险的存在仍然选择承担的风险，后者则是事先并不知道风险的存在或虽知道但预测不准，导致最后不得不被动承受的风险，企业重要决策往往是两类风险共同作用的结果，本书中所使用的公司风险承担的概念也是从这两类风险角度出发的。对企业来讲，承担风险是企业获取收益的前提（Li & Tang，2010），高收益必然伴随着高风险，但同时，企业面临的风险承担水平越高，发生危机的可能性也越大。风险承担的高低不仅反映了企业管理层的运营、决策能力和水平，还会影响到企业未来的成长，因此，风险承担的重要性在经济学、投资学、企业管理理论、风险管理理论等众多领域得到了充分的关注。

本书借鉴张瑞君和李小荣（2012）的指标选取方法，沿用 Adam 等（2005）、Cheng（2008）的指标计算方法，主要使用公司财务业绩指标 ROA

的横向离散度和纵向波动性分别衡量公司横向和纵向风险承担水平。

（3）投资者保护。

在金融市场中，投资者指在金融交易中购入金融工具融出资金的所有个人和机构。作为证券市场的主要的资金供给者，投资者分为两种：一种是已经持有公司股票的股东；另一种是未来可能持有股票的潜在投资者。对于已经持有公司股票的股东来说，根据持股比例的差异，又可以分为大股东和中小股东。大股东凭借其持股优势成为公司的实际控制人，参与公司的经营管理决策，从而由外部人转变为内部人，由信息的需求者转变为信息的供给者。在利己主义驱动下，他们会选择生成和披露对自己有利的信息。处于信息劣势的中小股东和潜在投资者，由于持股比例低且分散，缺乏专业的分析能力和信息汲取能力，只能被动地接受上市公司披露的信息，成为市场风险的买单者。本书所说的投资者保护特指对中小投资者和潜在投资者的利益保护。

本书根据樊纲等编制的《中国市场化指数——各地区市场化相对进程2011 年报告》中列示的"各地区市场化相对进程"、"政府与市场的关系"、"市场中介发育和法律制度环境"，以及深交所网站公布的"上市公司信息披露质量"，上市公司年报中披露的"审计师事务所类型"和"年报审计意见类型"这六项指标数据，运用因子分析法构造了上市公司投资者保护指数。

（4）公司成长性。

公司成长性是企业成长过程中的重要动力，是企业内在力量的积累与外在规模扩大的统一，是公司在内部和外部因素共同作用下的公司现有状态。公司成长性既会表现为可持续的已有规模的增加，收入的增长，利润的提高，形成当前增长机会；还会表现为企业管理完善、人员素质增强、市场前景广阔等不可度量因素综合作用所带来的企业未来的良好发展潜力。所以公司成长性是企业内力与外力的综合结果，是当前增长形式与未来发展潜力的统一。

对于公司成长性的衡量，考虑到单一指标难以全面衡量其各方面，容易顾此失彼，有时难以与企业绩效这一静态指标相区别，加之公司成长性指标应具有持续性、动态性、波动性、收益性和扩张性这五个特征，本书分别从盈利能力、资金运营能力、偿债能力和发展能力四个方面综合评价公司的成长性。进一步，本书又将这四个方面的指标细化为九个三级指标，使用因子分析法最终得到了公司成长性的综合评价指标。

1.3　研究思路与分析框架

本书以我国深交所 2011 年 12 月 31 日前上市的 1079 家公司为研究对象，基于投资者保护机制的调节效应的视角，研究了 CEO 权力、风险承担与公司成长性三者之间的关系及作用机理。首先，在已有研究的基础上，对国内外有关管理层权力、投资者保护与公司风险承担之间，以及风险承担与公司成长性方面的相关理论和文献进行梳理、总结；其次，在理论分析和研究假设的基础上，从公司内外部治理机制相互制衡的角度，对 CEO 权力和投资者保护对公司风险承担水平的影响及作用机理进行了实证检验；再次，沿着"CEO 权力、投资者保护—风险承担—公司成长性"的研究脉络，对公司风险承担与成长性的内在关系的进行了深入剖析，并最终揭示了 CEO 权力、投资者保护机制对公司成长性的间接影响效果及风险承担所起到的重要的中介作用；最后，在理论和实证分析的基础上，本书对加强高管权力监督和控制、完善投资者保护机制、降低公司风险承担水平以及提高公司成长性等方面提出了相关的政策建议，并对未来的研究进行了展望。本书的分析框架如图 1 - 1 所示。

1.4　结构与研究内容

在前面所述研究思路与分析框架基础上，全书共安排为六章，各章主要研究内容如下：

```
                        ┌─────────────────┐
                        │      导论        │
                        └─────────────────┘
                                 │
            ┌────────────────────────────────────────────┐
            │ 公司内外部治理机制、风险承担与公司成长性    │
            │ 之间关系的相关理论分析和文献综述            │
            └────────────────────────────────────────────┘
                                 │
        ┌────────────────────────┼────────────────────────┐
        │                        │                        │
┌───────────────┐      ┌───────────────────┐      ┌───────────────┐
│ 内部治理机制（CEO集 │    │ 外部治理机制（投资者保护）│    │ 公司风险承担对公司成 │
│ 权）对公司风险承担行 │    │ 对内部治理机制与公司风险 │    │ 长性的影响研究    │
│ 为的影响研究     │    │ 承担关系的调节效应研究  │    │               │
└───────────────┘      └───────────────────┘      └───────────────┘
        │                        │                        │
        └────────────────────────┼────────────────────────┘
                                 │
                    ┌────────────────────────┐
                    │ 公司内外部治理机制、     │
                    │ 风险承担与公司成长性关系研究 │
                    └────────────────────────┘
                                 │
                    ┌────────────────────────┐
                    │  结论建议与研究展望       │
                    └────────────────────────┘
```

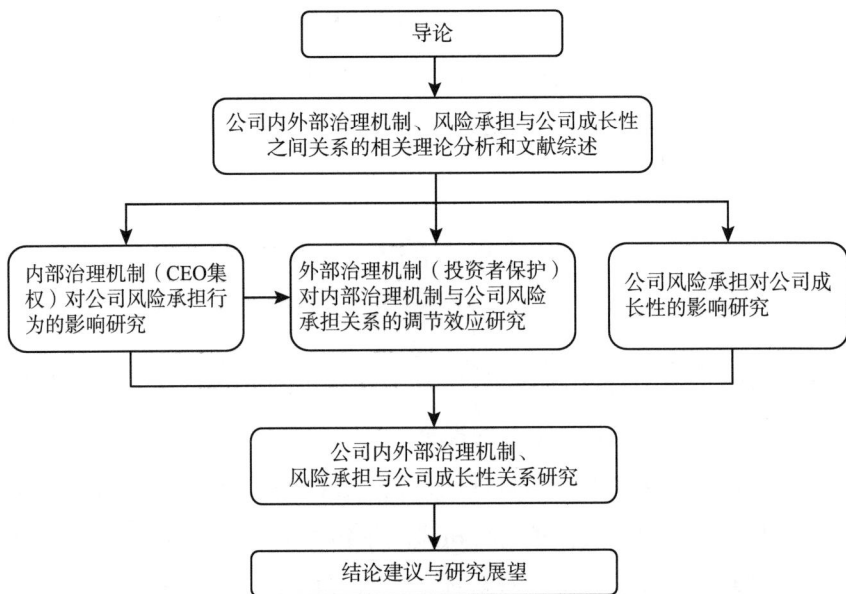

图 1 - 1　本书分析框架

第1章，导论。本章首先介绍了本书的选题背景和研究意义，并对全书涉及的主要概念进行了界定；其次，提出了全书的研究思路和研究框架，并在此基础上总结了论文结构与研究内容；最后，指出了本书的创新与研究不足。

第2章，公司内外部治理机制与风险承担以及风险承担与公司成长性关系文献综述。首先，本章从公司成长理论、委托代理理论和管理层权力理论入手，对已有的关于CEO权力与公司风险承担之间的相关理论和文献进行梳理、总结，就二者间的关系发现了两种截然相反的结论；其次，对探讨投资者保护与公司风险承担之间关系的相关文献进行梳理，指出了现有研究中存在的问题和不足；最后，基于公司成长性相关理论，对公司风险承担与公司成长性的相关文献进行回顾，发现目前国内外有关二者关系的研究基本处于空白状态。

第3章，CEO权力与公司风险承担关系研究——内部治理机制对公司风险承担的影响。基于"行为决策理论"和"代理人风险规避假说"，本章首先对 CEO 权力与公司风险承担之间的关系提出了两个对立性假设，并以我国深交所 1079 家公司 6106 条观测值为研究对象，对二者关系进行了实证检验。其次，针对我国国有背景上市公司中特有的公司治理缺陷，本章进一步就国有与非国有上市公司中，CEO 权力对公司风险承担的影响程度是否存在显著差异的问题进行了实证检验。最后，本章还从多个角度对本章的研究假设和结论进行了多项稳健性检验。

第 4 章，投资者保护对 CEO 权力与公司风险承担关系的调节效应研究——外部治理机制对公司风险承担的影响。本章从公司外部治理机制——投资者保护的角度出发，探讨了投资者保护对 CEO 权力的制衡以及对公司风险承担水平的调节效应，并就国有和非国有上市公司中投资者保护对公司风险承担水平的调节程度进行了对比。同样，为了保证研究结果的稳健性，本章也进行了多项稳健性检验。

第 5 章，公司内外部治理机制、风险承担与公司成长性关系研究。本章首先探究了公司风险承担与公司成长性之间的关系，并检验了这种关系是否会随公司实际控制人身份的变化而变化。同时，本章进一步揭示了 CEO 权力、投资者保护这两种公司内外部治理机制对公司成长性只存在间接影响，公司风险承担在三者之间起到了重要的中介作用。

第 6 章，本书结论与研究展望。本章对全书的研究结论进行了总结，提出了相关的政策建议，并对后续研究提出了展望和构想。

1.5　创新与研究不足

本书基于"CEO 权力、投资者保护—风险承担—公司成长性"的框架，研究了 CEO 权力、投资者保护对公司风险承担水平的不同影响及作用机理，并对公司风险与成长性的内在关系进行了深入剖析，揭示了 CEO 权力、投资者保护机制对公司成长性的间接影响及传导机制。

本书的创新之处主要有以下 4 点：

（1）基于公司内外部治理机制交互作用的视角，对 CEO 权力、投资者保护与公司风险承担之间的关系进行了探讨。目前，专门从管理者权力出发，研究公司内部治理机制—CEO 集权对公司风险承担的影响的相关文献还较为少见。特别是，着眼于公司内外部治理机制的交互作用，进一步研究投资者保护对 CEO 权力与公司风险承担关系的调节作用的文献，更是凤毛麟角。本书的研究丰富了公司治理与公司风险承担关系方面的探讨，也为宏观经济波动提供了来自公司治理层面的证据。

（2）在对公司成长性的研究中尝试性地引入了公司风险承担这一影响因素。以往关于公司治理与公司风险承担的相关研究结论往往是静态的、孤立的，并未能将其研究成果进一步的扩展。本书基于美国金融危机、中国经济转型和国企改革不断深化的背景，沿着"CEO 权力、投资者保护—风险承担—公司成长性"的研究脉络，在从公司内外部治理机制的角度审视了其对公司风险承担的影响后，进一步就公司风险承担对公司成长性的影响进行了尝试性的研究，对影响公司成长性的因素给出了一个全新的解释。

（3）揭示了 CEO 权力、投资者保护对公司成长性的间接影响效果及公司风险承担行为的中介作用。本书遵循一条"前因—中介—后果"的逻辑线索，以公司风险承担作为研究的切入点，在对公司风险承担的前因和后果进行深入剖析的基础上，进一步揭示了 CEO 权力、投资者保护对公司成长性的间接影响效果及公司风险承担在三者关系中所起到的中介作用。该研究在一定程度上完善了公司成长理论，同时对于拓展该领域的相关研究具有一定的借鉴意义。

（4）对公司风险承担和投资者保护指标现有的衡量方法进行了改进。本书使用了公司财务业绩指标 ROA 的横向离散度和纵向波动性来描述公司风险承担，并在最初的计算过程中按行业和年度的均值对这两个指标进行了调整。这种处理方法在一定程度上增加了公司风险承担衡量指标的科学性和研究结果的说服力，为相关问题的后续研究提供了有益的尝试。同时，在对上市公司投资者保护水平进行衡量时，本书综合选取了反映上市公司所在地区法律法规执行情况、市场化进程、信息披露质量、年报审计质量和审计师事务所类型等指标，并通过因子分析法得到了反映各地区投资者保护水平的综合指数。这种指标处理方法不仅克服了现有衡量方法不全面、量纲不统一等问题，也为找到一个适合我国法律制度背景、证券市场特点和上市公司现状的投资者保护指标提供了一定的借鉴意义。

由于个人能力和条件限制，本书的研究还存在着如下不足：

（1）由于公司 CEO 权力、上市公司投资者保护水平以及公司成长性都具有较强的主观性，难以被准确量化，因此本书对这三个指标的衡量主要选取公司现有的公开数据，并基于这些数据提供的信息进行刻画，而未能结合问卷调查或者针对公司实际情况进行具体分析，这是本书的一项缺憾。

（2）考虑到数据的可得性，本书仅选取了在我国深圳证券交易所上市的 1079 家公司 2003 年以后的数据作为研究样本。由于深交所和上交所在公司数目和公司规模上存在着一定的差异，因此，本书的研究结论在我国所有上市公司中是否稳健还有待于进一步验证。

（3）本书研究认为，CEO 权力越大，公司风险承担水平越高。但是公司风险承担水平反过来也可能影响公司赋予 CEO 权力的大小，因此，二者的因果关系究竟是什么：是强的 CEO 权力造成了较高的风险承担水平，还是较高的风险促进了 CEO 集权。同时，本书只考虑了 CEO 综合权力强度对公司风险承担水平的影响，未能进一步揭示合成该综合指标的八个维度指标对公司风险承担的具体影响程度和差异，这也是本书需要进一步深入研究的一个问题。

2 文献综述

2.1　CEO 权力与公司风险承担关系研究综述

2.1.1　CEO 权力理论综述

权力是一种能够压制不同意见、实施个人意愿的能力，这种能力具有长期保持性，这就使得权力与机会存在着本质的区别。进一步，CEO 权力，即 CEO 拥有的不顾其他高管的潜在反对仍能持续地影响企业关键决策的权力（March，1966）。

两权分离的现代企业制度下，管理层和董事会之间对权力的争夺一直是公司治理关注的重要问题。理论上董事会对公司重大事项具有决策权，且负责对管理层的监督和任免，因此具有绝对权力。但是，管理层权力理论指出，由于信息不对称、董事会"搭便车"以及"两职合一"等公司内部治理机制的缺陷，使得管理层尤其是居于科层结构顶端的 CEO 往往拥有较大的权力，甚至能够决定企业重大决策的制定（Child，1972；Finkelstein，1992；Haynes & Hillman，2010；Jiraporn & Chintrakapn，2012）。基于管理层权力尤其是 CEO 权力在公司决策制定中的重大作用，大量学者从多个视角对管理者（CEO）权力问题进行了广泛地研究，形成的比较有代表性的理论有公司成长理论、委托代理理论和管理层权力理论。

（1）公司成长理论中的 CEO 权力。

关于管理者的重要性，公司成长理论最早对其做出了详细的阐述和高度的肯定。该理论中的代表人物之一 Schumpeter（1934）提出，企业家与资本家有着本质的区别：资本家主要负责为企业出资，而企业家作为企业的经理人（CEO），最基本的职能是"创新"。这些创新给企业带来了超额的经济利润，打破了行业最初的均衡状态，从而吸引更多的生产者进入，直至长期经济利润再次为零，市场趋于均衡，因此，企业家是作为市场"均衡的创造性破坏者"而出现的。继熊彼特之后，该理论的另一位代表人物 Penrose（1959）在其革命性的著作《企业成长理论》中，对经理人在公司成长中的地位和作用进行了正反两方面的分析，提出了著名的"彭罗斯效应"。她认为，长期的工作实践使得企业的经理人（CEO）积攒了丰富的管理经验，尤其是获得了许多专用知识，这些专用知识对企业来说是一把双刃剑，一方面，这些专用知识是无法模仿且不可交易的，因此经理人对公司的成长具有非常重要的作用；另一方面，具备这种专用知识的经理人往往会利用自身的权力阻碍其他外来竞争者进入公司，因此经理人在一定程度上可能会成为公司成长的瓶颈。

熊彼特和彭罗斯在关于公司成长的理论中，都明确指出了经理人在公司价值创造和企业创新过程中的"中心人"地位，但同时，他们也都忽略了对经理人发挥这种"中心人"作用的途径研究，这就为有关经理人作用及权力的相关理论研究的进一步开展提供了广阔的空间。

（2）委托代理理论中的 CEO 权力。

在肯定了经理人作为企业"中心人"的基础上，Jensen 和 Meckling（1976）进一步指出，在所有权与经营权相分离的现代企业中，经理人与股东之间存在着委托代理关系。委托代理关系的本质是一种契约合同，即委托人（股东）聘用代理人（经理人）替他们来进行某些活动，而代理人相应地会得到某种权力和利益。委托代理理论进一步指出，在这种契约关系下，经理人本应以股东利益最大化为目标进行生产，而事实往往是，经理人受自利动机的驱使，往往以"个人效用极大化"而不以"股东利益最大化"为目标，从而产生了代理问题。例如，经理人（CEO）往往利用手中掌握的权力进行过度的在职消费，并通过不必要的投资支出或并购行为等扩充企业规模以进一步增加自身的权力。当存在着代理问题时，股东可以通过董事会对经理人进行监督，同时董事会还拥有决定经理人薪酬高低和聘用与否的权力，这样就能将经理人的利益和股东的利益紧密联系在一起，并有效制约经理人权力的膨胀和滥用。

（3）管理层权力理论中的 CEO 权力。

委托代理理论更多的是基于股东和经理人之间的契约关系对经理人（CEO）权力进行分析，并认为董事会等治理机制能够缓解经理人利用自身权力对股东利益的损害，进而缓解二者之间的代理问题。但是，管理层权力理论却进一步提出，由于信息不对称、股权结构分散化、管理者工作内容的复杂性等问题造成的董事会的弱有效性使得该代理问题长期存在，并有可能造成管理者或 CEO 权力的进一步膨胀。

管理层权力理论的代表人物 Finkelstein（1992）提出，管理层的中心任务是处理不确定性，内部不确定性主要来自于董事会和其他高管人员，外部的不确定性则主要来自于公司目标和外部制度环境，这两种不确定的存在使得权力自然向管理层或 CEO 集中。Finkelstein（1992）不仅明确了 CEO 权力的来源，还创立了 CEO 权力模型，在该模型中他将 CEO 的权力具体划分为位置（结构）权力、所有者权力、声望权力及地位稳固权力。

①位置权力。这是 CEO 拥有的最为常见的一种权力类型，它是由组织中的科层结构所决定的，因而又称为结构权力。CEO 位居公司科层结构的顶端，这种位置权力使其能够通过控制下属和资源等来管理公司并应对公司面临的内外部不确定性。拥有 CEO 的头衔已是权力的重要象征，如果同时还拥有多重头衔，如公司董事长、副董事长（两职合一）等，此时 CEO 的权力进一步加大，甚至可能会影响到董事的人选和董事会的议题等重大事项，从而导致董事会监督作用的无效。

②所有者权力。这也是 CEO 的一个重要权力指标。拥有公司股份的 CEO，既是股东又是管理者，双重身份的存在使其影响力更大。早期的研究者 Zald（1969）通过实证研究证明了，拥有股权的 CEO 在抗拒董事会监督和管理、巩固自身地位方面更具优势。Pfeffer（1981）和 Fredrickson 等（1988）进一步研究后指出，CEO 持股比例越高，越有能力掌控公司的不确定性，并决定公司的重大战略和成长方向。需要注意的是，与上述的位置权力不同，

CEO 的所有者权力并不是由公司章程正式授予的，因此，其在公司的实际决策中更多地体现为一种隐性的影响力，并不能直接发挥作用。

③声望权力。在化解内部变革和外部风险给企业带来的冲击时，有效的解决办法之一就是充分协调各方利益，争取各方支持，而有声望的 CEO 在其中能够起到至关重要的作用。因此，CEO 的声望权力主要表现为其在公司内外部的号召力和支持度。CEO 取得声望权力的一个重要的途径源于具有公司创始人（之一）身份。这是因为，一方面，作为公司的创始人，往往具有丰富的专业知识和成熟的管理经验，因此其决策的制定和执行更容易得到董事会和其他高管的认可和支持；另一方面，这种身份意味着董事会成员和其他高管很可能是由创始人亲自招募的，因而更容易获得他们的忠心。因此，如果 CEO 同时还是公司的创始人，其声望权力带来的隐性影响力将对其处理企业内部的不确定性发挥巨大的作用。CEO 获得声望权力的另一个重要途径为兼任其他公司的董事。通过在外兼职，CEO 有机会与其他公司高声望的人建立紧密联系，在提高自身声望的同时，还可以获得更多的信息和渠道，为公司赢取更多的外部资源和支持，并大大降低外部不确定带来的风险和成本。

④地位稳固权力。该权力反映 CEO 是否可以牢固地掌握自己的位置，一般使用 CEO 的任期和更迭频率来表示。与现任 CEO 是否是创始人类似，地位稳固权力也是一种隐性的决策权力。在复杂多变的外部环境下，CEO 能长期位居科层结构的顶端，说明 CEO 能有效管理公司并协调公司内部人员和外部关系，因此长期任职不但巩固了其权力，也成为其权力的另一来源。

从上述的分析可以看出，CEO 权力主要由正式权力和非正式权力构成。其中，CEO 的位置（结构）权力是由公司章程授予的，是一种绝对权力，能够直接对公司决策产生影响，被称为正式权力；而 CEO 的所有者权力、声望权力和地位稳固权力主要与自身特征相关联，更多地是通过降低董事会的制约力而发挥作用，更多地体现为隐性影响力，被称为非正式权力。Finkelstein（1992）提出的 CEO 权力模型对 CEO 权力指标的定量刻画提供了一个范本，并在后续的相关研究中得到了广泛运用。

2.1.2 CEO 权力与公司风险承担关系研究综述

公司风险承担这一研究主题自提出以来，便吸引了国内外众多学者的关注。大量的研究结果显示，企业面临的外部宏观环境、内部治理机制，如政治、法律环境、债权结构、股权结构、董事会特征、高管行为以及高管薪酬激励等都可能对公司风险承担行为产生重要影响（Moscovici & Zavalloni，1969；Adams et al.，2005；Ashbaugh et al.，2006；Wright，2007；Cheng，2008；John et al.，2008；Low，2009；Paligorova，2010；Chen 和 Ma，2011；Boubakri et al.，2011；Nakano & Nguyen；2012；李迎春，2012；张瑞君等，2013；余明桂等，2013）。

两权分离的现代企业制度下，股东和管理者利益的不一致往往导致企业存在严重的委托代理问题。尤其是信息不对称、契约不完备、股权分散化、管理者工作内容的复杂性等问题造成的董事会的弱有效性使得这种委托代理问题长期存在，管理层拥有了超越董事会的绝对权力，甚至能够左右企业重大决策的制定进而影响公司价值（Hambrick & Mason，1984）。Finkelstein（1992）、Haynes & Hillman（2010）也证明了，当管理者高度集权时，其个人偏好在战略决策制定中能得到充分地体现。由此可见，在公司价值创造过程中，管理层尤其是 CEO 由于位居公司科层结构的顶端，其个人决策行为能够对公司风险承担水平产生直接、深刻的影响。特别是，2008 年美国金融危机爆发后，众多学者和政策部门的研究指出，金融危机的根源在于公司过度的风险承担行为，而过度的风险承担又是由于对管理层权力不恰当的控制而导致的（Bebchuk et al.，2010；Berndt et al.，2010；Board of Governors of the Federal Reserve System，2011）。由此，关于管理层权力，尤其是 CEO 权力对公司风险承担的影响日渐成为人们关注的焦点。

"行为决策理论"指出，在复杂的决策环境和信息不对称的条件下，决策权力越集中，绩效波动越大，风险承担水平越高；决策权力越分散，绩效波动越小，风险承担水平越低。Sah 和 Stiglitz（1986，1991）早年的研究就曾指出，源于个人掌握的信息不同、高额的沟通成本及个人能力的差异，集体决策更容易在组织内部形成不同的意见，因此集体决策下，公司的决策结果往往是对大多数意见和建议的一种妥协或折衷。这种折衷的决策往往会使得公司尽可能地回避高风险项目，从而有效降低公司业绩的波动性（Kogan & Wallach，1966；Moscovici & Zavalloni，1969）。Cheng（2008）通过多项实证研究再次证明了，集体决策确实能降低公司业绩的波动性。Adams 等（2005）较早地从管理者权力的角度对公司业绩波动现象进行了研究，他们发现，如果公司 CEO 高度集权，会削弱公司内部其他管理者尤其是董事会的权力，这将会引起公司业绩大幅度的波动，给公司经营带来一定风险。由于 Adams 等（2005）首次直接地使用了 CEO 权力探讨其与公司业绩波动的关系，因而成为了这类研究成果中的经典文献。我国学者李焰等（2008）、李琳等（2009）、牛建波（2009）、权小锋和吴世农（2010）是国内较早从管理者特征角度出发研究公司风险承担行为的。其中，权小锋和吴世农（2010）在引入管理和组织行为学的理论后，进一步发现我国上市公司中，CEO 权力越大，企业经营业绩的波动性越高，经营风险越大，而且这种现象在具有国有背景的上市公司中表现得更为明显。

"行为决策理论"从权力制衡角度入手，研究了个体决策与公司风险承担的影响，建立了一个"CEO 权力越集中，公司风险承担水平越高"的理论框架。但是，一些学者从"代理人风险规避假说"角度出发，却发现了相反的结论。

"代理人风险规避假说"认为，公司管理者在决策过程中往往会表现出风险规避倾向。这是因为，管理者的收入高低以及职位安全与公司绩效和股东利益密切相关，为了降低自身职位和财富面临的风险，代理人在决策过程中倾向于选择低风险项目，尤其是管理者或 CEO 拥有较大的决策自主权时，这种风险规避倾向更加明显，从而公司的风险承担水平表现得也将更低。"代理人风险规避假说"对于二者关系的结论在一系列的文献中也已经得到了验证。

Wright 等（1996）基于委托代理问题认为，作为股东的代理人——管理者，并不总是以"股东财富最大化"为目标，"自我效用最大化"才是其最关心的问题，因而管理者倾向于采取风险回避策略以保持自己的个人地位及财富的稳定性，且管理者权力越大，风险规避倾向越严重。Thomas（2002）以有线电视行业为研究对象，比较了管理者控制的企业和所有者控制企业在风险承担和企业多样化方面的差异性。研究结果显示，随着外部环境风险的增加，相对于所有者控制的企业，管理者控制的企业更倾向于回避风险，表现为尽可能地退出风险较高的业务。Mishra（2011）认为公司采取保守的投资策略能够降低公司破产或成为被接管对象的可能，这将使得公司的管理者能够在金钱或非金钱方面更长时间的谋取私人收益。我国学者任海云（2011）发现当公司的 R&D 项目需要很长时间并且冒很大风险才能实现收益时，未持股 CEO 不愿意增加公司的 R&D 项目支出甚至会减少 R&D 支出，以期最大程度地降低 R&D 支出给公司带来的不确定性和风险。位华（2012）以我国 92 家城市商业银行 2001～2010 年的数据为样本，通过实证研究发现，银行中 CEO 权力越大，银行风险承担水平越低。

2.1.3　小结

在国内外现有的文献中，对风险承担这一主题的研究，主要集中于某些公司治理因素，如股权结构、债权结构、董事会治理及管理层薪酬激励方式等与风险承担之间的关系，而专门从管理者权力出发，研究 CEO 权力与公司风险承担之间关系的文献还较为少见。目前已有的一些相关研究，或从行为决策理论或从委托代理理论出发，对二者之间的关系得到了两种截然相反的观点：一种观点认为，相比群体决策，个体决策往往因个人能力有限、自我主义倾向严重等原因，在复杂的决策环境和信息不充分的情况下，其决策结果往往容易导致极端业绩的出现——极好的和极坏的业绩，因此，CEO 权力越大，公司业绩波动程度越大，公司风险承担水平越高；另一种观点认为，作为股东代理人的 CEO，其收入和职位安全与公司业绩密切相关，为了获得稳定的收益流，避免冒险行为引发的业绩波动对自身财富和地位的威胁，其在决策过程中往往会表现出风险规避倾向，即 CEO 权力越大，公司风险承担水平越低。

在我国，由于职业经理人市场制度还不够完善，上市公司的总经理经常来自于控股股东或者直接由董事长、副董事长兼任，往往拥有较大的权力。特别是，在具有国有背景的上市公司中，"一股独大"和"所有者缺位"现象并存，导致公司的实际控制权自然向管理层转移，管理层权力不断膨胀。在治理弱化和制度转型的内外条件下衍生出"内部人控制"问题使得管理层尤其是 CEO 权力凌驾于公司治理机制之上，在公司决策的制定和执行方面拥有了超越董事会的绝对影响力。由此可见，相比国外上市公司，我国上市公司中 CEO 权力高度集中的问题更为严重，尤其是在不合理的公司治理机制下，CEO 高度集权对公司风险的影响必将更加凸显。在我国特殊的公司治理背景下，探讨我国上市公司 CEO 权力对公司风险承担的影响具有更大的理论和现实意义。

2.2 投资者保护与公司风险承担关系研究综述

2.2.1 投资者保护的提出及意义

LLSV（La Porta, Lopez-de-Silanes, Shleifer & Vishny, 1997）开门见山地提出了几个尖锐的问题："为什么有的国家比其他国家拥有大得多的资本市场？例如，为什么英国、美国的资本市场巨大，而德国、法国的资本市场较小？为什么美国每年有几百家公司上市，而意大利十年间只有几十家公司上市？为什么和其他富有国家相比，德国和日本有庞大的金融体系？为什么国家之间在资本市场的规模、广度以及价值上有如此巨大的差别？"对于这些问题的回答，经济学界一直未能给出满意的答案。直至 20 世纪 90 年代末，国际经济学界对国家层面的治理环境的研究取得了较大的进展，启发了人们从国家间投资者保护机制差异化的视角对上述问题展开研究。

这些研究以 LLSV（1998）的《法与金融》（Law and Finance）为开篇之作。该文提到，一国的法律对投资者的保护程度是该国的公司财务和公司治理演变的基本要素，因此投资者保护的差异可以解释不同国家在资本市场上的规模、价值以及公司治理制度之间的差别。对此，Shleifer 和 Wolfenzon（2002）建立了一个投资者保护与资本市场发展的分析模型，在此模型中，两位学者深入地分析了投资者保护对企业行为以及金融市场发展的影响，研究发现投资者保护程度越高的国家，公司内部治理越规范，证券市场越发达。LLSV（2002）总结性地指出，除了股东与经理人之间的代理问题，现代公司中还存在着另外一种更为严重的代理问题——大股东对小股东的利益侵占问题。当公司股权主要集中于一个或几个大股东时，他（们）很可能会凭借其控制权，通过关联交易、资金占用、资产并购等行为，将公司的现金或利润进行转移并据为己有，以损害中小股东利益为代价谋求私利，从而形成大股东与中小股东之间的一种代理问题。要想解决这类代理问题，契约性激励机制已失效，必须依靠强有力的投资者保护机制。

众所周知，资本市场的发展可以鼓励储蓄、促进资本积累、提高资本的使用效率等，但资本市场的这些作用能否有效发挥还取决于该国或该地区对投资者利益的保护程度。投资者利益保护好的国家或地区，公司能够顺利并低成本地为自己的经营活动筹集到足够的资金，这不仅有利于企业自身发展，也有利于资本市场对社会资源的合理配置和社会财富的迅速积累；而在投资者保护程度较差的国家或地区，人们普遍对企业的投融资行为持有较强的不信任态度，公司很难获得外部资金支持，或者只能付出更高的成本才能筹集到所需资金，那么企业正常的生产经营活动将会难以为继，社会财富相应地也会大大减少。从这个意义上讲，投资者保护不仅能够为现代公司提供一个重要且有效的外部治理机制，有效抑制第二类代理问题的出现，同时，它还通过影响企业资金的融通，并最终影响一个国家资本市场的发展和财富的增长。

2.2.2　投资者保护的衡量

（1）国外对投资者保护的衡量。

LLSV（1997，1998，2000）从股东权利保护、债权人保护和执法效率三个方面对不同国家不同法律体系下的投资者保护指数进行了比较，这是对投资者保护指标的衡量所做的开创性研究。该指数的具体赋分原则为股东权利保护指数共 5 分，债权人保护指数共 4 分，执法力度指数共 10 分。其中，股东权利保护指数主要分为一股一票（one-share，one-vote）、抗董事权（anti-director rights）、强制性股利（mandatory dividend）等三项权利，抗董事权下面又包含通信表决权、股票置留权、累积投票权、小股东反对权、优先认股权和临时股东大会召集权六项子权利；债权人保护指数主要分为重组程序中资产自动保全权、担保债权人优先权、管理者单方提出重组权、清算时解雇管理层权利和保留法定存款准备金要求等五项权利；执法效率指数包括司法系统效率、法治、腐败、政府掠夺风险以及政府毁约可能性等五个方面。

由于 LLSV（1997，1998，1999）对投资者保护指数的评价方法较为全面和科学，因此得到了国内外众多学者的认可和广泛应用。其中，Pistor 等（2000）在沿用 LLSV 的评价方法的基础上，进一步指出，投资者保护不应仅限于对小股东和债权人的保护，还应包括除控股股东以外的中小股东，因此设计了一个包括发言权、退出权、对抗管理层权利、对抗控股股东权力和股票市场诚信指数等的"股东权力指数"，并依据此指标对各国法律对股东权利保护水平进行了衡量。Gompers 等（2003）根据美国公司所处的市场环境，并结合公司治理的内外部机制，得到了一个关于公司治理的系统性指数——

"G 指数"，并以此来衡量股东权利[①]。

（2）国内对投资者保护的衡量。

LLSV（1997，1998，2000），Pistor 等（2000）所设计的投资者保护指标适用于对不同国家间或不同法系间的差异进行研究，而对于同一国家的上市公司的投资者保护程度的衡量就很难采用这种办法。看起来 Gompers 等（2003）的"G 指数"分析的只是美国一国的情况，但由于美国法律体系完善、资本市场发达、市场化程度高，且美国各州的《公司法》存在差异，美国上市公司在股东权利保护的具体做法上各具特点，因此其"G 指数"能够充分反映不同公司在投资者保护做法上的差异。但在中国这样的发展中国家，实行成文法，证券市场管制程度又高，上市公司的章程、内部治理规则和内控制度都严格遵守管理部门的统一规定，造成了不同公司在投资者保护条款或做法上非常类似。因此，对我国上市公司投资者保护程度的衡量就很难采用上述国外已有的方法。鉴于此，针对我国法律制度背景、证券市场特点和上市公司现状，我国学者提出了多种投资者保护指标。

沈艺峰等（2004，2005）在 LLSV（1997，1998，2000）的研究基础上，参照不同时期证券市场发展和完善的特点，提出了基于我国不同历史时期的投资者法律保护指标。首先，他们根据我国股东保护立法和与中小股东保护有关的其他法律法规制度和政策，将我国中小投资者法律保护的发展过程划分为三个不同的阶段：初级阶段（1994 年 7 月以前）、发展阶段（1994 年 7 月 ~1998 年 7 月）和完善阶段（1999 年 7 月以后）；其次，他们从股东权利和其他制度与政策这两个方面，设计了 16 项指标参数；最后，对这 16 项指标分别赋值，最终建立了一套可用于比较我国不同时期投资者保护水平的指标。

---

① Gompers 等（2003）认为，公司存在两种矛盾：股东和经理层的矛盾、控股股东和小股东的矛盾。解决这些矛盾的机制既可以由公司内部设置，也可以来自公司外部。内部机制一般包括董事会、高管薪酬、股权结构、财务信息披露和透明度等；外部机制一般包括企业控制权市场、法制基础和中小投资者权益保护、产品市场的竞争程度等。Gompers、Ishii 和 Metrick 将公司治理机制归纳为 24 个方面，并设计了一个反映公司治理状况的负向指标"G 指数"，以此来反映公司股东权利和接管防御程度。

陈胜蓝和魏明海（2006）较早地使用樊纲和王小鲁编制的《中国市场化指数——各地区市场化相对进程2004年报告》中的数据，选择了其中的"市场中介组织和法律制度环境"、"律师人数/地区人数"和"知识产权保护"三项指数构造了我国投资者保护指数，以此衡量不同地区间的投资者保护水平。通过比较我国各地区该指数的差异，二位学者发现，在中国31个省区中，法制环境较好的地区，中小投资者保护水平较高，而法制环境尤其是法律执行力差的地区，投资者保护水平较低。这一结论证明了LLSV（1998）"法与金融"的观点：法律是决定投资者保护水平差异的最重要原因。

在借鉴了LLSV（1998，2000）和沈艺峰的研究方法后，罗本德（2008）提出了基于微观层面的同一国家不同公司之间的投资者保护指数。他对每个上市公司在资金占用、关联担保、信息披露质量和是否受到更严格的监管等四个方面给予了相应的加减分处理；对控股股东向上市公司注入资金、控股股东向上市公司提供担保、审计意见为标准无保留、境外上市等情况进行加分处理；凡是与上述相反情况或遭交易所和证监会处罚情况进行减分处理，对各项指标进行加减分处理后的累计值即为投资者保护指数。

姜付秀等（2008）依据"德尔斐法"的原理，邀请来自理论界和实务界的专业人士，对上市公司知情权、股东对公司利益的平等享有权、股东财富最大化、投资回报和公司诚信等五个方面、11项分项指标进行背对背打分，从而设计了一套兼顾微观层面及宏观制度执行层面的我国上市公司投资者利益保护指数。

2.2.3 投资者保护与公司风险承担关系研究综述

投资者保护水平及其对公司财务和公司治理的影响是近年来学术界研究的一个热点问题，这些研究以LLSV（1998）的"法与金融"为开篇之作。在构建类似于LLSV的投资者保护指数的基础上，许多学者对投资者保护与公司债权结构、股权结构、资本成本、公司价值和控制权私有收益等多个问题的关系做了一系列研究（Coffee, 2002；LLSV, 1998, 2002；Bhattacharya et al., 2003；Dyck & Zingales, 2003；Nenova, 2003；Daouk et al., 2006；王鹏, 2008；胡海峰 & 李忠, 2009；权小锋 & 吴世农, 2010）。近年来，随着越来越多的学者将研究重点从公司价值转向公司风险，人们也开始尝试从投资者保护的视角对公司风险承担问题进行解释。

其中，Madhavan 和 Dallas（2002）是对此问题研究较早的学者。Madhavan 和 Dallas（2002）认为，国家体制、投资者保护水平、社会文化等外部治理机制都会对公司价值和公司风险产生显著影响，其中，投资者保护是一种最为直接、有效的外部监督机制。Scott（2008）进一步指出，管理层不适当的决策行为会给公司财务带来较高的风险，而广大投资者有力的外部监督和对投资者有力的保护则能够显著降低这种财务风险。Acharya 等（2011）从债权人权力的角度进行了相关研究，研究发现较强的债权人权力会使得公司倾向于多元化经营，并影响公司的投资决策，使公司投资于那些低风险低现金流的项目，进而会降低公司的风险承担水平。我国学者权小锋和吴世农（2010）从公司治理和组织行为理论出发，认为信息获取渠道的阻滞和失衡不仅是引发委托代理冲突的主要动因之一，并经过实证研究发现，企业信息披露质量（反映投资者保护水平的一个指标）的提高能够有效降低公司业绩波动引发的经营风险。

与上述研究结论不同，John 等（2008）以 1992～2002 年 39 个国家的上市公司为样本，在研究外部公司治理与公司风险承担之间的关系时发现：较高的投资者保护水平减轻了管理层的风险厌恶情绪，并且在投资者保护水平较高的环境中，债权人、工会和政府为了保护自身利益而限制公司风险承担的行为得到显著抑制，因此，投资者保护水平越高，公司风险承担水平也越高。

2.2.4 小结

投资者保护问题是一个纷繁复杂、内容庞大的问题系统，虽然大量的学者从不同角度对该问题进行了广泛地讨论，并取得了一系列的研究成果，但从总体上看，这些研究还存在很多问题，如在对不同国家或地区的投资者保护水平进行评价时，是否应该把社会环境、文化背景等隐性因素也纳入评价体系中。在考察中国上市公司的投资者保护水平时，如何能找到一个适合我国法律制度背景、证券市场特点和上市公司现状的投资者保护的指标；在以国有股为主要控股股东的股权结构中，相应的投资者保护测度的思路和方法是否应该有自己的特殊性；在投机性氛围还相对较浓的市场条件下，如何能真正唤醒投资者对自身保护意识的提高。这些都将是国内外学者在研究相关问题时不得不考虑的现实问题。

同时，关于投资者保护这种外部治理机制与公司风险承担关系的研究虽然已有部分文献涉猎，但这些研究基本都是采用跨国数据进行的，目前还缺乏针对一国内部投资者保护机制对公司风险承担行为影响的具体分析。特别是，关于投资者保护机制对公司风险承担行为影响的研究结论尚未统一，且这些结论在我国的适用性还有待于进一步的研究。

2.3 风险承担与公司成长性关系研究综述

2.3.1 公司成长性相关理论

公司成长理论作为西方经济理论研究的重要内容，研究的核心是公司的存续与成长问题。影响公司成长的因素比较复杂，而且随着时代的发展研究视角不断拓展和深化，研究的重点也有所不同，形成了多种多样的代表性结论。从其演进的脉络来看，大致可将公司成长的影响因素分为两大类，即公司成长的外生因素论和内生因素论。

（1）成长理论中的外生因素论。

外生因素理论认为促进企业成长的因素主要来自于企业外部。在企业之外，存在着许多不可预知的、无法控制的因素，企业只能逐渐地适应它们并利用它们，才能实现企业的成长。公司成长的外生因素论主要包括：

①基于规模经济效应的企业成长理论。亚当·斯密（Adam Smith，1776）就企业成长理论进行了开创性的研究。斯密在其代表作《国富论》中提到，社会分工导致了规模经济效应，而企业成长的原因就在于劳动分工和经济规模。马歇尔（Marshall）在其《经济学原理》中进一步指出，企业面临的外部因素，如需求曲线和成本曲线有所增加，那么企业的规模就会扩大。Stigler（1975）基于产业生命周期的视角提出了企业成长的一般规律：一个产业在最初形成时，由于市场规模较小，企业主要是通过企业内部的分工来实现在此阶段的成长；随着市场和产业的扩大，企业的成长则需要通过提高专业化水平的途径来实现。

②基于交易费用的企业成长理论。此理论的代表人物是科斯（Coase，1937）。科斯的企业边界理论认为市场存在交易费用，企业的出现是为了节约交易成本，但同时也带来了管理费用，当边际交易成本的节省与边际管理费用的增加相等时，企业的规模最大。Williamson（1975，1985）在 Coase（1937）的基础上进行了延伸，他主要从资产专用型、不确定性以及交易效率三个维度对交易费用进行了定义，同时还从企业技术角度提出企业"有效边界"的概念。

③基于产业竞争的企业成长理论。Porter（1980）开创性地将产业组织学派的范式运用到企业战略研究上，分析了企业成长的一般环境，提出了 PEST 分析模型（五力模型），即政治（politics）、经济（economy）、社会（society）、技术（technology）对企业成长的影响。Henriques 和 Sadorsky（1996）进一步分析了影响企业成长的具体环境，如顾客压力、股东压力、社区压力及政府的环境规制对企业可持续成长的影响作用。

（2）内生因素成长理论。

内生因素成长理论从企业内部因素入手探讨了关于企业成长的决定因素，把企业内部的资源与自身的能力看作是促进企业成长的决定性因素。主要理论有：

①企业成长的资源说。作为内生因素成长理论的开山之作，彭罗斯（Penrose）在其1959年发表的《企业成长理论》一书中从企业内部解释了企业的成长原因。她认为，企业的功能主要是"获取和组织人力与非人力资源以盈利性地向市场提供产品或服务"和"企业的成长取决于是否能够更有效地利用现有资源"。Wernerfelt（1984）进一步发展了彭罗斯的理论，他提出企业是异质性资源和这些资源产生的服务的集合体，通过创新、变革和强化管理等手段积蓄、整合并促进资源增值，进而创造出持续的竞争优势追求企业持续成长。Nelson和Winter（1982）通过对企业创新能力的研究，发现"创新"是影响公司成长的重要因素，并且公司创新能力的积累存在着较强的路径依赖性，即今天的技术优势在很大程度上也会导致将来的技术优势。

②企业成长的核心能力说。Prahalad和Hamel（1990）在《哈佛商业评论》上发表了《核心竞争力》一文，在此文中他们将核心能力定义为"组织中的积累性学识，包括一系列互补的知识与技能"，由于能力具有路径依赖、难以模仿、不可占用这些特征，因此成为了企业区别竞争对手以及实现持续成长的源泉。Teece等（1997）提出了"动态能力"概念并构建出了著名的动态能力框架。动态能力是指"企业整合、建立以及重构企业内外能力以便于适应快速变化环境的能力"。

③企业成长的知识基础说。企业知识理论认为企业是在"经验积累→知识增加→服务增长→知识积累"这一动态框架下的学习型组织，企业的知识存量决定了企业配置资源的能力，从而最终在产出及市场竞争中体现出优势。彼得·圣吉（Peter M. Senge，1990）也认为未来最成功的企业将会是"学习型组织"，因为在未来唯一持久的优势是你有能力比你的竞争对手学习得更快。

④企业成长的技术说。美国著名企业史学家艾尔弗雷德·钱德勒（Alfred D. Chandler，1987）在《看得见的手——美国企业的管理革命》一文中，以美国企业演进的丰富史料为基础对古典式企业逐渐扩张为多单位的现代工商

企业的历史进行了详尽的叙述，证明了现代大型一体化工商企业的诞生是市场以及技术发展的必然结果。

国内关于公司成长性的研究还比较滞后，已有的一些文献主要致力于介绍和推广西方企业成长理论（杨杜，1995；张林格，1998；张玉利和徐海林，2002；吕一博，2008；李东红，2011；陈守东和陶治会，2013），对我国特殊国情下的企业成长介绍与理论研究却比较少见。近几年，我国有关企业成长性的研究逐渐兴起，但也仅限于运用已有的一些相关理论成果对我国的企业成长进行解析。这些理论成果对中国公司的成长问题具有一定的借鉴意义，但从总体看来，国内相关问题的研究还有待深入和拓展。

2.3.2 公司成长性的衡量

（1）单一指标法衡量公司成长性。

在衡量公司成长性的指标选取上，早期学者大多使用单一的财务或市场指标作为成长性的代理变量，其中以 Tobin's Q、营业收入、雇员人数、市净率及销售增长率等指标使用的最为广泛（Litzenberger & Ross，1981；Churchill & Lewis，1983；Cooper et al.，1994；Dunne & Hughes，1996；Davidsson & Wiklund，2000；程惠芳和幸勇，2003；李延喜，2008；胡亚权和周宏，2012）。

Tobin's Q 是由诺贝尔经济学奖获得者詹姆斯·托宾（James Tobin）于1969年提出的，表示为"企业的市场价值与资产重置成本之比"。该值越大，说明公司市场价值相对于资产的重置成本越高，这就意味着公司市场价值中成长机会价值所占比重越大，因此它被广泛地用于衡量公司的成长机会（成长性）。Litzenberger 和 Ross（1981）将 Tobin's Q 的计算方式进一步细化[①]，

---

① Litzenberger 和 Ross（1981）对 Tobin's Q 的计算方式为，Tobin's Q = 公司市场价值/公司有形资产的重置成本。当公司无形资产价值越高时，Tobin's Q 值越大，相应地，公司成长机会也越大。

并将其作为公司成长性的替代变量。Lang（1994）以美国 1970～1989 年的上市公司为研究对象，按照 Q 值的大小将样本公司分为成长机会好和成长机会不好的两组，比较了两组间公司成长性和财务杠杆之间的相关关系。Rajan 和 Zingales（1995）同样也使用了 Tobin's Q 作为公司成长性的代理变量。我国学者肖作平（2004）、黄贵海和宋敏（2004）将 Tobin's Q 作为公司未来成长性的替代变量，研究了成长性对企业资本结构的影响。进一步，纪志明（2005）从市场对公司价值的预期角度衡量了企业成长机会，并使用 Tobin's Q 和市净率等指标表示市场预期。

Dunne 和 Hughes（1996）、Davidsson 和 Wiklund（2000）认为，对于所有类型的公司来说，营业收入指标操作简单，且不受资本、行业的深度和广度的影响，因此是评价公司成长性的一个较为合适的指标。Davidsson 和 Wiklund（2000）选取了 5 年间企业的营业收入作为企业成长性的评价标准。我国学者程惠芳和幸勇（2003）在研究高科技上市公司资本结构、公司规模与成长性的关系时，对主营业务收入取自然对数，用以衡量公司的成长性。借鉴前人的研究，吕长江等（2006）选取了主营业务收入增长率和净资产增长率两个财务指标，作为企业成长性的替代变量。胡亚权和周宏（2012）为了避免多种财务指标之间可能存在的相关性，只使用了营业收入增长率衡量公司的成长性。

Greiner（1972）、Churchill 和 Lewis（1983）认为人力资本作为企业实现增长的最重要的生产要素之一，只有当企业雇员人数达到一定数量后才能实现企业规模和效益的增长，因此企业雇佣的工人数量是一个更能体现企业成长性的指标。受此启发，Evans（1987）对样本公司自成立后每一年的公司员工人数取对数，并以该对数的大小作为判定企业成长性高低的依据。Cooper 等（1994）、Peters 和 Brush（1996）不约而同地选择了将公司 3 年期间的平均雇佣人员的数量作为企业成长性的测量指标，依此判定公司成长性的高低。

除上述指标外，我国学者宋剑峰（2000）较早地使用了市净率（market-to-book，P/B）衡量了公司未来的成长性。纪志明（2005）、谢军（2005，

2006）除使用市净率外，还同时使用了 Tobin's Q 来测量企业的成长性。李延喜（2008）分别选择了资产增长率、销售增长率以及可持续成长率三个指标作为我国 A 股非金融类上市公司成长性的代理变量。

（2）复合指标法衡量公司成长性。

虽然单一指标法在衡量公司成长性时简明易懂、计算方便，但却忽略了企业成长所具有的综合性特征，容易导致结论的不稳健性。因此，近些年大量的学者主张使用复合性指标，并采用一定的评价方法测度公司的成长性（Delmar，1997；Ardishvili 等，1998；Delmar 等，2003；张信东和薛艳梅，2010；陈守东和陶治会，2013；肖东生等，2014）。

Delmar（1997）对企业的成长性指标进行了归纳和总结，他认为公司总资产、市场份额、营业收入、员工数、总产出以及利润等指标都是评价企业成长性的关键指标，因而在考虑公司成长问题时，应基于这几方面的指标综合评价。Delmar 等（2003）进一步提出，由于不存在一个绝对可信赖的单一指标能够全面地评价公司的成长性，因此在企业成长性的研究过程中，需要使用多项指标从各个维度对其进行全面衡量，而这些指标可以考虑从企业规模、资产收益率、销售利润率、Tobin's Q 以及市场份额等指标中选择。

吴世农等（1999）选取了我国沪、深两市 200 家上市公司 1996 年度的财务数据，通过资产周转率、销售毛利率、负债比率、主营业务收入增长率和期间费用率这五个变量建立了我国上市公司成长性的判定模型。陈晓红等（2006）使用公司成长能力、盈利能力、资金运营能力、市场预期和企业规模五个方面的 12 项指标建立了公司成长性评价指标体系，分别采用突变级数法和灰色关联度分析法对中小型上市公司的成长性进行了评价和对比。张信东和薛艳梅（2010）为了能够较为全面地描述企业成长状况的各个方面，选取了 26 个财务指标（既有正指标也有逆指标）客观评价了公司的成长性。徐维爽等（2011）从盈利能力、成长潜力、技术创新能力、资金运营能力、企业风险五个方面，选取了 14 个指标，并采用综合指标评价体系对我国创业板公司的成长性进行了分析。陈守东和陶治会（2013）同样以创业板上市公司为样本，将 17 个财务比率指标划分为微观成长性指标和宏观成长性指标两类，应用突变级数方法计算出创业板公司的成长性指数。肖东生等（2014）用流动比率、净利润增长率、资产报酬率、总资产增长率等 9 个成长性维度指标并通过主成分分析，对我国中小板上市公司 2008～2012 年 5 年间的成长性进行了评价。

2.3.3 风险承担与公司成长性关系研究综述

在国内外现有的文献中，对公司成长性问题的研究主要集中于两方面，一方面是对公司成长性评价指标的选取和评价方法的研究；另一方面，是在已有的成长性评价和衡量方法的基础上，从公司内外部治理的角度出发研究哪些因素可能对公司的成长性起到重要的作用（Dunne & Hughes，1996；Davidsson & Wiklund，2000；Delmar et al.，2003；宋剑峰，2000；谢军，2005、2006；李延喜，2008；陈晓红等，2009；张信东和薛艳梅，2010；胡亚权和周宏，2012；段伟宇，2013；肖东生等，2014）。而专门研究公司风险承担与公司成长性关系的相关成果几乎未见，仅有的少数几篇文献也只是从间接的角度涉及了二者的关系。

早期的一些研究认为，公司风险承担或冒险行为能够让公司抓住更有利的时机和投资项目，进而提高公司业绩和促进公司的成长（Durnev et al.，2004；John et al.，2008；Fogel et al.，2008；Low，2009）；同时，较大的公司风险承担水平意味着较高的资本预算效率和资源配置效率（余明桂等，2013），这将还有利于公司的科技进步。Nakano 和 Nguyen（2012）认为，风险和收益是相匹配的，公司可能会因为过高的风险承担而最终破产，但是想要不承担任何风险就取得成功几乎是不可能的。然而，近几年，尤其是美国金融危机爆发后，许多人将最近美国金融危机的根源归咎于银行和企业过度的风险承担行为，认为过度的风险承担不但不利于公司的成长，甚至会使公司一蹶不振乃至破产，继而引发严重的经济后果（Bebchuk et al.，2010；

Berndt et al. , 2010；Board of Governors of the Federal Reserve System, 2011）。
Li 和 Tang（2010）提出，对企业来讲，承担风险是企业获取收益的前提，高收益必然伴随着高风险，但同时，企业面临的风险承担水平越高，发生危机的可能性也越大。无独有偶，Zahra（2000）从"企业高管对冒险活动支持和参与将会有利于企业的生存和发展"的假设出发，在对美国231家中等规模的制造企业分析后却发现，总经理与董事长的两职合一确实能够促进企业冒险决策的制定，但这却并不利于企业的经营，企业往往可能会被总经理的某些错误决策引入困境而无法自拔，反而无法实现企业的创新和健康成长。

2.3.4　小结

国内外对于成长性的研究经历了从外生因素成长视角到内生因素成长视角的演变，反映出学者们对企业的认识从静态到动态、从被动到主动的发展过程。其中，对于公司成长性的指标选取及影响因素的研究，是一个既有挑战又十分重要的课题。目前，关于公司风险承担与公司成长性关系的研究还鲜有文献涉及，是否如美国一些学者和机构所认为的那样，银行和企业过度的风险承担是引发公司破产，甚至导致经济衰退的重要诱因呢？诚若如此，在新的世界经济环境下，尤其是对于正处于新兴加转轨时期的中国以及中国企业来说，探索公司风险与公司成长性之间的关系，将成为学者们重点研究的课题之一。

2.4　文　献　述　评

在国内外已有文献中，对风险承担这一主题的研究，主要集中于某些公司治理因素，如股权结构、债权结构、董事会治理及管理层薪酬激励方式等与风险承担之间的关系，专门从管理层权力出发，研究 CEO 权力与公司风险承担之间的相关成果还较为少见。已有的少数一些研究中，对二者之间的关系也并未能得到统一的结论。一种观点认为，基于个人决策的公司业绩往往会出现极端值，引起业绩波动，因此 CEO 权力越大，公司风险承担水平越高；另一种观点认为，CEO 具有风险规避倾向，CEO 权力的增大，越不愿意冒险，此时公司将表现出较低的风险承担水平。相比国外上市公司，我国上市公司中 CEO 权力高度集中的问题更为严重，特别是在不合理的公司治理机制下，CEO 高度集权对公司风险的影响必将更加凸显。因此，在我国特殊的公司治理机制和美国金融危机的背景下，探讨我国上市公司 CEO 权力对公司风险承担水平究竟会产生何种影响，加强防范风险，避免重蹈覆辙就显得尤为重要，也更加紧迫。

公司风险承担行为不仅受到公司内部治理问题，同时还会受到来自公司外部环境尤其是投资者保护的影响。关于投资者保护这种外部治理与公司风险承担之间关系的研究虽然已有部分文献涉猎，但这些研究基本都是采用跨国数据进行验证的，目前还缺乏针对一国内部投资者保护对公司风险承担行为影响的具体分析。尤其在考察中国上市公司的投资者保护时，我们可能还面临一些特殊问题，例如，在中国这样的发展中国家实行成文法，证券市场管制程度较高，不同公司在投资者保护条款或做法上非常类似，如何能找到一个适合我国法律制度背景、证券市场特点和上市公司现状的投资者保护的指标，将是国内学者在借鉴国外相关研究方法时必须考虑的现实问题。因此，在对我国投资者保护进行合理衡量的基础上，并进一步研究我国投资者保护对公司风险承担行为的影响及作用机理将具有更大的理论和现实意义。

目前，关于公司风险承担与公司成长性关系的研究还鲜有文献涉及，仅有的少数几篇文献也只是从间接的角度涉及了二者的关系。公司风险承担或冒险行为是否能够让公司抓住更有利的时机和投资项目，提高公司业绩和促进公司的成长，还是如美国一些学者和机构所认为的那样，银行和企业过度的风险承担是引发公司破产，甚至导致经济衰退的重要诱因呢？这些问题亟待解决。

综上所述，从公司内部治理（CEO 权力）及外部治理（投资者保护机制）相互制衡的角度来研究公司风险承担问题的成果较为少见，进一步研究风险承担与公司成长性的文献更是凤毛麟角。本书将基于"CEO 权力、投资者保护—风险承担—公司成长性"的框架，研究 CEO 权力、投资者保护对公司风险承担的影响及作用机理，并对公司风险承担与公司成长性的内在关系进行深入剖析，以期最终揭示公司内外部治理机制（CEO 权力和投资者保护）对公司风险承担以及对公司成长性的特殊的治理效应。

3 CEO权力与公司风险承担

——内部治理机制对公司风险承担的影响

近年来有关公司风险承担的研究引起了学术界和相关政策部门的广泛关注，风险承担的相关研究不断丰富。尤其是金融危机爆发后，越来越多的学者开始将研究重点从公司业绩转向公司风险，不断探寻公司风险承担背后的影响因素。近年来的一些研究认为，美国金融危机的根源在于过度的风险承担，而过度的风险承担又是由于对管理层权力不恰当的控制而导致的。

现代企业制度下经营权和所有权的分离，使得管理层与董事会之间就权力争夺之战愈演愈烈，成为了公司治理关注的重要问题之一。理论上，董事会对公司重大事项具有决策权，且负责对管理层的监督和任免，因此具有绝对权力。但是，管理层权力理论指出，由于信息不对称、董事会"搭便车"以及"两职合一"等问题的存在，使得管理层往往拥有较大的权力，甚至能够控制企业重大决策的制定。在公司价值创造过程中，管理层尤其是 CEO 由于位居公司科层结构的顶端，其个人决策行为很容易引起公司极端业绩的出现，进而对公司风险承担行为产生影响。

在我国，职业经理人市场制度还不够完善，上市公司的总经理经常来自于控股股东或者直接由董事长、副董事长兼任，往往拥有较大的权力。尤其是在具有国有背景的上市公司中，"一股独大"和"所有者缺位"现象并存，导致公司的实际控制权自然向管理层转移，管理层权力不断膨胀。特别是 20 世纪 80 年代初国有企业实施改革以来，金字塔式的管理链条不断延长，从而管理层权力得到进一步加强（卢锐等，2008；王清刚和胡亚君，2011）。上海证券交易所和诚信管理咨询公司 2002 年对上交所 257 家上市公司决策权力分配情况进行了问卷调查，发现：在企业总体的决策权力上，董事会和高管的权力分配是 3.608 : 3.034，权力分配比较接近；而在具体的经营决策中，管理层具有绝对权力。由此可见，在我国特殊的公司治理背景下，CEO 高度集权的现象更加严重，CEO 权力对公司风险承担的影响也必将更加凸显。

同时，在美国金融危机和全球经济不景气的宏观背景下，中国企业正面临着巨大的挑战：第一，中国当代企业可能面临 30 年来少有的经济低谷期；第二，随着经营环境越来越复杂，中国企业的管理者在过去 30 年经济牛市下惯有的决策思维习惯可能受到考验；第三，董事会监督弱化、CEO 高度集权一直是我国上市公司尤其是国有上市公司面临的共性问题，这些不合理的公司治理机制对公司风险承担的影响日益凸显。

我们认为评判公司绩效不仅应关注公司业绩水平，更应该考虑公司风险承担水平。实践表明，那些不顾风险、飞速扩张的企业往往消失的也最快。因此，科学决策并合理控制公司风险、实现公司业绩的稳定和长远发展与关注公司总体业绩水平同等重要。有鉴于此，本章以公司风险承担作为研究的切入点，考察如下几个问题：（1）CEO 高度集权这种公司内部治理机制对公司风险承担将会产生怎样的影响？影响方向如何？（2）相比于非国有背景的上市公司，国有背景的上市公司中严重的内部治理缺陷，又将导致 CEO 权力对公司风险承担的影响程度表现出怎样的不同？

3.1 理论分析与研究假设

行为决策理论认为，相比群体决策，个体决策因个人能力有限、自我主义倾向严重等原因，在复杂的决策环境和信息不充分的情况下，其决策结果往往容易导致极端业绩的出现——极好的和极坏的业绩。与此类似，战略管理理论也认为，企业的高层管理者对企业是重要的，因为他能够通过影响所在企业的行为并极大地影响其产出。上述理论在大量的文献中已经得到了相关的验证。

Hambrick 和 Mason（1984）、Hambrick 和 Abrahamson（1995）的研究指出，环境不确定性越强，管理者需要处理的信息越多，管理者权力强度对公司经营决策的影响越大。Sah 和 Stiglitz（1986，1991）就组织内部权力制衡问题曾提到，在组织内部，CEO 的权力越被制衡，企业经营出现极端值的可能性就越小。这是因为，CEO 将不得不同那些与他意见相"左"的高管进行讨价还价，因此，一些稳健的决策更有可能形成。稳健的决策结果往往会稳定公司经营，降低业绩波动；相反，随着个体决策权力集中度的提高，极端决策出现的可能性大大提高，公司蕴含的风险更大，甚至会产生恶劣的经济后果。Almeida 和 Ferreira（2002）检验了分权国家和集权国家经济波动的差异，发现集权国家的经济波动幅度更大，经济的不稳定性也更强。Adams 等（2005）利用群体决策理论对美国公司的研究发现，CEO 权力越大，对企业决策制定的影响力就越大。这是因为，当权力高度集中，CEO 与其他高管妥协合作的可能性越小，因此，极端决策就越有可能出现，从而引起公司业绩的大幅波动。如果 CEO 同时又是公司创始人，权力集中的现象被进一步加剧，此时企业股票收益波动将更大。Krista 和 Maureen（2012）根据社会行为趋向理论，同样发现了 CEO 权力与公司风险呈正相关。两位学者认为，二者之所以会存在这样的关系，是因为随着 CEO 权力的增加，他们更关注于个人决策可能给自身带来的利益，但却未相应地关注决策可能给公司带来的风险。我国学者李焰等（2008）、李琳等（2009）、牛建波（2009）均发现了类似的结论。权小锋和吴世农（2010）在引入管理和组织行为学的理论后，进一步发现 CEO 的权力强度越高，企业经营业绩的波动性越高，经营风险越大，而且这种现象在具有国有背景的上市公司中表现得更为明显。张三保和张志学（2012）对中国 61 位学界专家和 84 位公司高管，就我国 30 个省份企业 CEO 管理自主权大小以问卷调查的形式进行评价，发现 CEO 管理自主权与企业风险承担水平正相关，CEO 管理自主权对区域制度环境与企业风险承担水平及企业绩效之间具有显著的中介效应。陈本凤等（2013）研究指出，CEO 权力如果过大，将不顾其他持有异议董事的意见，由此产生的决策可能会增加极端业绩出现的可能性，置公司于高风险之中。陈收等（2014）从战略决策制定的角度出发研究了 CEO 权力与企业绩效后发现，CEO 权力越大，企业选择偏离行业主流战略的可能性越大，从而更容易产生极端绩效，引发公司业绩剧烈波动。

综上所述，"行为决策理论"从权力制衡角度入手，研究个体决策与公司风险的关系，建立了一个"CEO 权力越集中，公司风险承担水平越高"的理论框架。但是，另外一些学者从"代理人（管理者）风险规避假说"出发，发现 CEO 权力的提高可能会降低公司业绩波动。

委托代理理论认为，股东是风险中性的，而管理者却是风险厌恶的。这是因为股东可以通过投资组合的方式来分散风险，从而表现为风险追逐或风险中性者；而作为股东的代理人——管理者，其人力资本高度集中于某公司，收入也与公司业绩密切相关，冒险行为引起的业绩波动必然会威胁到职位安全和收入稳定，因此，为降低自身面临的风险，管理者在决策过程中往往会表现出风险规避倾向。也就是说，"代理人风险规避假说"认为，管理者在决策过程中会将企业的生存和持续稳定的收益流置于股东价值最大化之上（Cole et al.，2011），因此，在遇到一个具有高风险的好项目时，股东希望管理者能抓住机遇以最大化股东利益，而管理者则会犹豫是否要冒险。因为若项目成功，管理者从中获得的回报（如工资、奖金等）是有限的；而一旦项目失败，则有被解雇的风险（Nakano & Nguyen，2012）。因此，管理者尤其是 CEO 的最优选择是投资于低风险或传统型项目，这种决策很容易保持公司业绩的稳定性，从而公司风险承担水平也会相应地较低。"代理人风险规避假说"对于二者关系的结论也在一系列的文献中得到了验证。

Wright 等（1996）基于委托代理理论得出，作为股东的代理人——管理者，并不总是以"股东财富最大化"为目标，"自我效用最大化"才是其最关心的问题，因而管理者倾向于采取风险回避策略以保持自己的个人地位及财富的稳定性，且管理者权力越大，风险规避倾向越严重。Chen 等（1998）从管理者持股与否的角度证明了，拥有股权的管理者与公司风险之间存在着负相关关系。这是因为持有公司股票的管理者，不仅将自己的人力资本而且将自己的财产资本都投入到该公司中，个人资本高度集中导致其风险厌恶程度进一步提高，这种风险厌恶的态度会使管理者倾向于降低公司风险。Thomas（2002）以有线电视行业为研究对象，比较了管理者控制的企业和所有者控制企业在风险承担和企业多样化方面的差异性。研究结果显示，随着外部环境风险的增加，相对于所有者控制的企业，管理者控制的企业更倾向于回避风险，表现为尽可能地退出风险较高的业务。Mishra（2011）指出，一旦公司破产或被接管，管理者就无法在金钱或非金钱方面更长时间的谋取自己私人收益，因此管理者倾向于采取保守的投资策略尽量避免上述现象的发生。我国学者任海云（2011）也发现，当公司的 R&D 项目需要很长时间并且冒很大风险才能实现收益时，未持股CEO 会有意减少 R&D 支出，以期最大程度地降低 R&D 支出给公司带来的不确定性和风险。位华（2012）以我国 92 家城市商业银行 2001～2010 年的数据为样本，通过实证研究发现，银行中 CEO 权力越大，银行风险承担水平越低，二者关系符合"代理人风险规避假说"中的研究结论。

通过对上述相关文献的分析，不难发现国内外学术界对于 CEO 权力与公司风险承担水平之间关系的结论还存在着较大争议，且都具有一定的合理性。为了保证本书研究结论的可靠性，我们在这里提出两个竞争性假设，分别为假设 3.1a 和假设 3.1b。

假设 3.1a：在其他条件不变的情况下，CEO 权力越大，公司风险承担水平越高。

假设 3.1b：在其他条件不变的情况下，CEO 权力越大，公司风险承担水平越低。

3.2 研究设计

3.2.1 样本选择与数据来源

（1）样本选择。

本书选取深交所 2011 年 12 月 31 日前上市的 A 股公司为研究样本，样本期间为 2003～2013 年[①]。根据本书研究需要对样本做如下筛选和处理：①考

---

① 2003 年以前，上市公司对 CEO 个人特征信息披露较少，因此本书样本研究期间从 2003 年开始。

虑到金融保险类企业的财务结构与其他公司存在较大差异，剔除金融保险类企业的研究样本；②剔除曾经 ST 或 PT 的企业，避免这类企业异常经营状态下的财务指标奇异值对总样本的干扰；③剔除研究年末 CEO 的样本观测值；④考虑到纵向公司风险承担的测度问题，剔除在观测时段内未达到连续三年的样本观测值[①]；⑤考虑到不同的实际控制人身份可能会对公司风险承担产生影响，因此剔除公司实际控制人身份发生变动后的样本观测值；⑥剔除数据缺失的样本观测值。最终，我们共得到由 1079 家公司、6106 条样本观测值构成的非平衡面板数据（Unbalanced Panel Data）。

（2）数据来源。

本章所使用的数据包括 CEO 权力数据和公司财务数据。其中，CEO 权力数据主要根据国泰安 CSMAR 数据库中高管个人信息整理而得，对于数据库中缺失的部分则通过手工搜寻企业年报加以补充。公司财务数据主要来源于国泰安 CSMAR 数据库、Wind 数据库、公司年报、巨潮资讯网（http：//www.cninfo.com.cn/）、深圳证券交易所网站（http：//www.szse.cn/）等。本章在进行多元回归分析时使用了 Stata12.0 统计软件。

3.2.2 变量选取与模型设定

3.2.2.1 因变量——风险承担

根据以往的文献，公司风险承担的衡量指标主要有：

①业绩波动性（Adams et al.，2005；Cheng，2008；Boubakri et al.，2011）；

②股票收益率的波动性（Coles et al.，2006；Bargeron et al.，2010）；

③负债比率（Faccio et al.，2011a，2011b）；

[①] 由于我国上市公司的高管任期一般为 3 年，因此本书以每 3 年作为一个观测时段来考察 CEO 的任职情况并滚动计算企业的纵向风险承担水平。

④企业存活的可能性（Faccio et al.，2011b）；

⑤R&D 支出、资本性支出（Coles et al.，2006）。

业绩波动性这个指标不仅能够反映公司盈利能力的稳定性，还能反映公司面临的风险高低，因此被众多的学者用于衡量公司的风险承担水平（Adams et al.，2005；Cheng，2008；Boubakri et al.，2011）。本书也借用业绩波动性的大小来刻画公司风险承担水平。

Adams 等（2005）和 Cheng（2008）的研究中都曾提到，业绩波动性是公司业绩偏离正常值的程度，按维度区分可划分为：业绩横向波动性和业绩纵向波动性。其中，业绩横向波动性是指目标企业当年业绩与对比范围内企业当年业绩均值的偏离程度，而业绩纵向波动性则是指目标企业历年业绩与对比范围内企业自身历年业绩均值的离散程度。我国学者李焰等（2008）、李琳等（2009）、牛建波（2009）、权小锋和吴世农（2010）等选取了公司财务业绩指标 ROA 和公司市场业绩指标 Tobin's Q 计算了公司业绩的横向离散度和纵向波动性。张瑞君和李小荣（2012）、张瑞君等（2013）的研究中提到，由于我国的市场效率无法与国外发达资本市场相比，市场业绩指标 Tobin's Q 具有较大的噪音，而且非流通股的存在使得 Tobin's Q 的计算存在一定偏误，因此在公司业绩波动的衡量上 ROA 指标更为合适。本书借鉴张瑞君和李小荣（2012）的指标选取方法，沿用 Adams 等（2005）、Cheng（2008）的指标计算方法，仅通过 ROA 的横向离散度和纵向波动性来衡量公司横、纵向风险承担水平①。

（1）业绩横向离散度——公司横向风险承担。

业绩横向离散度描述的是公司各年业绩偏离其当年正常业绩水平的幅度。为了测度公司业绩的横向离散度，依据 Adams 等（2005）以及 Cheng（2008）的方法，本书将业绩指标 ROA 与影响 ROA 的各变量按年度和行业进行面板

---

① 为了保证结果的稳健性，本书还使用净资产收益率（ROE）重新计算公司的风险承担，具体回归结果见本章稳健性检验部分。

数据的 OLS 回归，求得残差，用残差的绝对值 $|\varepsilon|$ 表示业绩的横向离散度[①]，$|\varepsilon|$ 越大，业绩离散程度越大，相应地，公司横向风险承担水平也越高。由于文中公司业绩的横向离散度是用 ROA 测度的，因此公司横向风险承担表示为 $|\varepsilon\_ROA|$。

（2）业绩纵向波动性——公司纵向风险承担。

业绩纵向波动性反映的是同一公司在某一时间段内各年业绩与其均值之间的偏离程度，也就是一段时间内各年业绩的标准差。本书对公司纵向风险承担的具体计算方法是：首先，确定观测时段。根据 Faccio 等（2011a，2011b）和 Boubakri 等（2011）的方法，本书也采用年份滚动的方法，以每三年作为一个观测时段[②]；其次，计算样本公司在每个观测时段内的 ROA 的标准差，记作 σ（ROA）。σ（ROA）越大，说明观测期内公司业绩 ROA 的离散程度越大，相应地，公司纵向风险承担水平也越高。需要注意的是，计算业绩纵向波动性时，我们对样本公司每一年的 ROA 都按年度和行业的均值进行了调整。计算过程如下所示：

$$\sigma(\text{ROA}) = \sqrt{\frac{1}{N-1}\sum_{t=1}^{N}\left(ADJ\_ROA_{it} - \frac{1}{N}\sum_{t=1}^{N}ADJ\_ROA_{it}\right)^2}$$

$$ADJ\_ROA_{it} = \frac{NFrofit_{it}}{ASSETS_{it}} - \frac{1}{M}\sum_{j=1}^{M}\frac{NFrofit_{jt}}{ASSETS_{jt}} \qquad (N=3)$$

其中，i 代表样本公司，t 代表观测时段内的每一年度，取值从 1 到 3；M 代表样本中某行业的企业数目，j 代表该行业的第 j 家企业。

3.2.2.2 自变量—CEO 权力

本书对于 CEO 权力的度量主要依据 Finkelstein（1992）的权力模型。如

---

① 残差代表的是公司业绩没有被预测的部分，所以用它的绝对值作为公司业绩横向波动性的代理变量是合理的。

② Faccio 等（2011a，2011b）和 Boubakri 等（2011）在观测变量在时间序列上的变化情况时，采用的是年份滚动方法。同时，由于本书研究 CEO 权力对公司业绩波动的影响，因此必须综合考虑 CEO 的任期情况。我国上市公司高管的任期一般是 3 年，所以本书以每 3 年为一个观测时段并滚动计算企业的纵向风险承担水平。按照这种方法，本书的样本期间可以划分为：第 1 时段 2003～2005 年，第 2 时段 2004～2006 年，第 3 时段 2005～2007 年，……，以此类推。

前所述，Finkelstein（1992）将 CEO 的权力划分为位置（结构）权力、所有者权力、声望权力及专家权力。借鉴这种划分方法，同时结合中国具体情境，本书从位置权力、所有者权力、专家权力及自主决策权力四个方面 8 个维度衡量我国上市公司 CEO 权力指标。

（1）位置权力。

Finkelstein（1992）指出，在组织的科层结构中，CEO 职位本身已拥有组织授予的某些正式权力，如果 CEO 同时还兼任董事长或其他职位，其权力将进一步膨胀。因此，本书使用 CEO 是否兼任董事、副董事长或董事长（Dual）这个虚拟变量来衡量其位置权力，并根据兼任职位的不同，Dual 的取值从 0 到 3。

（2）所有者权力。

既是公司股东又是管理者的 CEO，双重身份的存在使其抗拒董事会和其他高管影响的能力更大，且随着其持股比例的增加，CEO 的所有者权力也将增大。由于我国管理层股权激励的起步时间较晚，管理层持股现象还不太普遍，通过查询公司年报发现，只有少数高管持有所在公司股份，且持股水平偏低。鉴于此，本书仅用 CEO 是否持股的虚拟变量（Own）而非持股比例来衡量 CEO 的所有者权力。

另外，如果现任 CEO 是公司创始人之一，那么 CEO 的所有者身份特征将进一步加剧，从而对公司的决策有更大的影响。因此，本书同时选择 CEO 是否为公司的创始人的虚拟变量（Founder）来度量 CEO 的所有者权力。

（3）专家权力。

学历或职称较高的 CEO，往往容易赢得董事会和其他高管的信任与支持，从而能有效缓解不确定性对公司业绩的冲击；如果 CEO 同时还在其他公司兼职，不仅能够提高自身的管理能力，还可以在公司内外树立良好的专家形象，而专家形象在复杂多变的外部环境下能得到更高的支持和拥护。本书使用三个虚拟变量—学历（Edu）、职称（Title）和兼职情况（Ptjob）来衡量 CEO 的专家权力。

（4）自主决策权力。

该指标反映 CEO 是否可以不受影响地、自主制定公司决策的权力。Fama 和 Jensen（1983）认为，相比内部董事而言，独立董事能更好地监督管理者的机会主义行为，董事会独立性越强，CEO 越无法自由地对公司决策进行制定和执行。因此，本书选取独董比例（Indd）作为衡量 CEO 自主决策权力的指标之一①。另外，近几年来，我国机构投资者得到大力发展，相比中小股东，他们对管理者能够起到更好的监督作用，机构投资者甚至被视为解决委托代理问题的一种有效的解决方式。因此，本书还选取了机构投资者持股比例（Instii）作为 CEO 自主决策权力的另一衡量指标。需要注意的是，由于独董比例和机构投资者持股水平与 CEO 的自主决策权力呈反向关系，本书将这两个指标与 CEO 自主决策权力进行了同向化处理②。

CEO 权力的度量方法及各指标释义见表 3-1。

表 3-1　　　　　　　　　　CEO 权力度量的维度指标

一级指标	二级指标	三级指标	指标解释及赋值
CEO 权力（Power）	位置权力	Dual	CEO 兼任公司董事长时取 3；兼任公司副董事长时取 2；兼任公司董事时取 1；无以上兼任职务时取 0
	所有者权力	Own	CEO 拥有本公司股权时取 1，否取 0
		Founder	CEO 为本公司创始人时取 1，否取 0
	专家权力	Edu	CEO 具有博士及以上学历时取 1，其他取 0
		Title	CEO 具有高级职称时取 1，否取 0
		Ptjob	CEO 在其他公司兼职时取 1，否取 0
	自主决策权力	Indd	独董比例低于行业均值时取 1，否取 0
		Instii	机构投资者持股比例低于行业均值时取 1，否取 0

① 独董比例 = 独立董事人数/董事会人数

② 当 CEO 所在企业的独董比例或机构投资者持股水平越低，CEO 受到的内部监督越弱，CEO 在经营决策中的自由度也就越高，因此这两个指标与 CEO 自主决策权力呈反向关系。为了与其他指标保持一致，本书将独董比例和机构投资者持股比例分别与对应的行业均值进行比较，当独董比例或机构投资者持股比例大于行业均值时，认为 CEO 的自主决策权力较小，反之较大，具体解释见表 3-1。

本书将上述八个虚拟变量相加，将所求得的和作为本书 CEO 权力的衡量指标 Power。

3.2.2.3 控制变量

除 CEO 权力外，公司风险承担行为还会受到其他一些因素的影响，本书在借鉴 Adams 等（2005）、Cheng（2008）、权小锋和吴世农（2010）等文献的基础上，结合本章研究的实际情况，选取以下变量作为控制变量：

（1）公司规模。

公司的规模代表着公司获取资源和实现投资机会的能力，较大规模的公司可能存在规模经济，而且受到较少的融资约束，更有可能投资风险较高的项目，由此提高了公司的风险承担水平。本书用"公司总资产的对数"（LnAsset）来衡量公司的规模。

（2）资产负债率。

公司的资产负债率也可能是影响公司风险承担水平的重要因素。一方面，公司的负债水平越高，其债务及融资成本越高，公司面临的风险可能越大（Singh，1986）。另一方面，面临着较高负债率的公司可能会受到债权人更多的约束，债权人出于其自身利益会限制公司冒险行为，因此，公司风险承担水平越小。本书用"负债总额/资产总额"（Lev）来衡量公司的资产负债率。

（3）现金流比率。

公司的现金流越多，越有可能去投资一些高风险的项目，从而提高公司的风险承担水平。本书用"经营活动产生的现金流量净额/公司总资产"（RFC）来衡量公司的现金流比率。

（4）公司盈利能力。

Koerniadi 等（2013）的研究中提到，公司绩效表现较差的公司更有可能去提高公司的风险承担水平，以提高下一期的公司绩效表现，因此公司当年的盈利能力对公司未来风险也会产生较大影响。本书使用公司的总资产收益率（ROA）和净资产收益率（ROE）衡量公司的盈利能力。

（5）股权集中度。

在股权集中的公司里，大股东不仅将财富资本大量集中于公司，而且其人力资本也高度集中，因此，大股东有动机也有能力通过采取保守的投资策略来满足其自身私人收益（Mishra，2011；Kim & Lu，2011；Cole et al.，2011）。本书选取"第一大股东持股比例"作为股权集中度的衡量指标，指标符号定义为 Con。

（6）董事会规模。

正如 Sah 和 Stiglitz（1986）所提到的，集体决策容易在组织内部形成不同的意见，而且随着团队规模扩大，公司的决策结果往往是对大多数意见和建议的一种妥协或折衷。董事会作为一种群体性的决策机制，其决策不容易出现极端化的结果，因此，董事会规模越大，公司风险承担水平将越小（Cheng，2008；牛建波，2009；Nakano & Nguyen，2012）。在这里，本书也选用董事会规模作为控制变量之一，并使用董事会总人数来衡量董事会规模（Boardnum）。

（7）上市公司成立年限。

一般认为，公司成立年限越长，无论在自身抗风险的客观能力上，还是从其挑战风险的主观意愿上，都具有较高的抗风险能力。本书用"公司成立天数的自然对数"（Lnfirmage）衡量公司成立年限。

（8）股权性质。

股权性质是指公司实际控制人的身份属性。公司实际控制人的身份差异，可能会造成公司投资决策和经营目标的不同，从而给公司的业绩波动和风险承担带来不同影响。一般来说，按股权性质，我国上市公司可分为两大类，一类是具有国有背景的上市公司，另一类是非国有背景的上市公司①。当上市公司的实际控制人为政府、国资委或国有企业时，将其定义为具有国有背

---

① 为了方便，下面将具有国有背景的上市公司简称为"国有上市公司"，将非国有背景的上市公司简称为"非国有上市公司"。

景的上市公司，衡量股权性质的虚拟变量 SOE 取 1；当上市公司的实际控制人为自然人或其他时，将其定义为非国有背景的上市公司，SOE 取值为 0。

（9）行业虚拟变量。

为了控制行业差异对回归结果的影响，书中对样本公司所在行业进行分类，共得到 13 个行业[1]，剔除金融保险行业，最终得到 12 个行业。为避免共线性，设置了 11 个行业虚拟变量（Inddummy）。

（10）年份虚拟变量。

本章选取的是深交所上市公司 2003～2013 年间的样本数据，研究期间共计 11 年，为了控制年份对回归结果的影响，设置了 10 个年份虚拟变量（Yeardummy）。

本章变量名称及具体释义如表 3 - 2 所示。

表 3 - 2 变量名称、释义与符号预判

变量类型	变量名称	符号	变量释义	符号预判
因变量	风险承担	$\lvert \varepsilon\_ROA \rvert$	用财务业绩指标 ROA 衡量的公司横向风险承担水平	
		$\sigma(ROA)$	用财务业绩指标 ROA 衡量的公司纵向风险承担水平	
自变量	CEO 权力	Power	CEO 权力的合成指标，用衡量 CEO 权力维度的八个虚拟变量之和表示	+/-
控制变量	公司规模	LnAsset	公司总资产的自然对数	+
	资产负债率	Lev	负债总额/资产总额	-
	自由现金流比率	RFC	自由现金流量/总资产	+
	公司盈利能力	ROA	总资产收益率 = 净利润/总资产余额	+
		ROE	净资产收益率 = 净利润/总资产净额	+

---

① 本书采用中国证监会 2001 年 4 月发布的《上市公司行业分类指引》，该《指引》将上市公司分为 13 个大类行业，分别为农林牧渔业、采掘业、制造业、电力煤气及水的生产和供应业、建筑业、交通运输仓储业、信息技术业、批发和零售贸易、金融保险业、房地产业、社会服务业、传播与文化产业和综合类。

变量 类型	变量名称	符号	变量释义	符号 预判
控制 变量	股权集中度	Con	第一大股东持股比例	-
	董事会规模	Boardnum	董事会总人数	-
	公司成立年限	LnFirmage	用公司成立天数的自然对数表示	+
	实际控制人	SOE	虚拟变量,当上市公司实际控制人为政府、国资委或国有企业时,SOE 取 1;当上市公司实际控制人为自然人或其他时,SOE 取 0	+
	行业虚拟变量	Inddummy	根据证监会行业分类,本书样本共涉及 12 个行业,为避免共线性,设置了 11 个行业虚拟变量	
	年份虚拟变量	Yeardummy	本书研究期间共计 11 年,为避免共线性,设置了 10 个年份虚拟变量	

3.2.2.4 模型设定

(1) CEO 权力与公司横向风险承担关系的模型设定。

为了检验 CEO 权力对公司横向风险承担的影响,本书借鉴 Adams 等 (2005)、Cheng (2008)、权小锋和吴世农 (2010) 的方法,分两个步骤进行。第一步,将公司财务业绩指标 ROA 与影响该业绩指标的各变量按年度和行业进行混合数据的普通最小二乘法 (OLS) 回归,并求得残差 ε,具体回归模型见式 (3 - 1) 所示;第二步,以残差 ε 的绝对值 $|\varepsilon\_ROA|$ 代表公司横向风险承担,与 CEO 权力 (Power) 等其他控制变量再次进行多元回归分析,具体回归模型见式 (3 - 2) 所示。

$$ROA_{it} = \alpha_0 + \alpha_1 Power_{it} + \alpha_2 RFC_{it} + \alpha_3 LnAsset_{it} + \alpha_4 Lev_{it} + \alpha_5 Con_{it}$$
$$+ \alpha_6 LnFirmage_{it} + \alpha_7 Boardnum_{it} + \alpha_8 SOE_{it} + \varepsilon_{it} \qquad (3-1)$$

$$|\varepsilon\_ROA|_{it} = \beta_0 + \beta_1 Power_{it} + \beta_2 RFC_{it} + \beta_3 LnAsset_{it} + \beta_4 Lev_{it} + \beta_5 ROA_{it}$$
$$+ \beta_6 Con_{it} + \beta_7 LnFirmage_{it} + \beta_8 Boardnum_{it}$$
$$+ \sum_{m=1}^{11} \beta_{8+m} Inddummy + \sum_{j=1}^{10} \beta_{19+j} Yeardummy + \mu_{it} \qquad (3-2)$$

模型（3-1）为将业绩水平指标 ROA 与影响业绩指标的各变量按年度和行业进行混合数据的 OLS 回归模型。鉴于本章关注的焦点是 CEO 权力与公司风险承担水平之间的关系，且限于篇幅，实证结果未加以报告。在模型（3-2）中，β_1 表示 CEO 权力 Power 对公司横向风险承担水平影响的偏回归系数。如果 β_1 显著为正，说明 CEO 权力越大，引起的公司业绩横向波动幅度越大，公司横向风险承担水平也将越高，从而假设 3.1a 成立；相反，如果 CEO 权力越大，越倾向于采取保守策略来规避风险，那么 β_1 将会显著为负，从而假设 3.1b 成立。同时，各控制变量的系数符号及显著性水平是否如预判，也有待于实证结果的检验。

（2）CEO 权力与公司纵向风险承担关系的回归模型。

公司纵向风险承担的计算是以各公司为研究对象，首先计算各公司在每三年中经行业和年度调整后的 ROA 的标准差，这样每家公司都会得到一组滚动标准差观测值，记作 $\sigma(ROA)$；然后以 $\sigma(ROA)$ 作为回归模型中的因变量——公司纵向风险承担，与 CEO 权力（Power）和其他控制变量进行多元回归分析，具体回归模型见式（3-3）所示。回归模型中的解释变量及控制变量均选取每个观测时段内第一年年末值[①]。

$$\sigma(ROA)_{it} = \gamma_0 + \gamma_1 Power_{it} + \gamma_2 RCF_{it} + \gamma_3 Lev_{it} + \gamma_4 LnAsset_{it} + \gamma_5 ROA_{it}$$
$$+ \gamma_6 Con_{it} + \gamma_7 LnFirmage_{it} + \gamma_8 Boardnum_{it}$$
$$+ \sum_{m=1}^{11} \gamma_{8+m} Inddummy + \sum_{j=1}^{9} \beta_{19+j} Yeardummy + \varphi_{it} \qquad (3-3)$$

需要说明的是，Adams 等（2005）、Cheng（2008）对公司风险承担的相关回归分析使用的是面板数据的固定效应模型，而权小锋和吴世农（2010）在处理该类问题上使用的是随机效应模型。为了能够得到更为稳健的回归结果，本章使用豪斯曼检验（Hausman test）对回归模型式（3-2）和式（3-3）

---

① 为了防止这种变量选值方法可能引起的偏差，确保本书模型估计结果的有效性，本章在稳健性检验部分，将解释变量和控制变量的值用各变量在每个观测时段内（三年）的均值代替。研究结果显示，模型中各变量符号和显著性均未发生实质性变化。

适用的估计方法进行检验。Hausman 检验后的 P 值分别为 0.0000 和 0.0065，该结果表明对于回归模型（3-2）和模型（3-3），固定效应模型都要优于随机效应模型，因此，本章将采用固定效应模型对 CEO 权力与公司风险承担之间的关系进行回归分析。

3.2.3　变量描述与相关性检验

（1）公司横、纵向风险承担水平的样本分布及描述性统计。

本章分别从公司业绩 ROA 的横向离散度和纵向波动性两个角度来衡量公司风险承担水平，其中，公司横向风险承担水平 $|\varepsilon\_ROA|$ 的样本分布包含 1079 家公司的 6106 条观测值，时间跨度为 2003～2013 年；纵向公司风险承担水平 $\sigma(ROA)$ 以每三年作为一个观测时段，因此，$\sigma(ROA)$ 的样本分布包含 1079 家公司的 3913 条样本观测值，时间跨度也为 2003～2013 年。

表 3-3 中 Panel A 和 Panel B 分别为样本公司横、纵向风险承担水平观测值逐年分布情况；表 3-4 中 Panel A、Panel B 和 Panel C 分别为样本公司横、纵向风险承担水平的总体及分年度描述性统计情况。

表 3-3　　　　　　　样本公司风险承担水平逐年分布情况

Panel A：公司横向风险承担水平使用的样本分布情况

年份	2003	2004	2005	2006	2007	2008	2009	2010	2011	2012	2013	合计
样本观测值	173	215	262	311	378	447	504	798	1035	1023	960	6106

Panel B：公司纵向风险承担水平使用的样本分布情况

观测时段	2003～2005	2004～2006	2005～2007	2006～2008	2007～2009	2008～2010	2009～2011	2010～2012	2011～2013	合计
样本观测值	173	208	244	297	368	415	473	776	959	3913

表 3 - 4 公司横纵向风险承担水平总体及分年度描述性统计

Panel A：公司横、纵向风险承担水平总体描述性统计

变量	观测值	均值	最小值	最大值	25% 分位数	中值	75% 分位数	标准差
$\|\varepsilon\_ROA\|$	6106	0.0397	0	0.5386	0.0121	0.0282	0.0535	0.0409
σ（ROA）	3913	0.0210	0.0012	0.1198	0.0074	0.0141	0.0261	0.0213

Panel B：公司横向风险承担水平各年度均值

年份	2003	2004	2005	2006	2007	2008	2009	2010	2011	2012	2013	总体均值
$\|\varepsilon\_ROA\|$	0.0281	0.0314	0.0362	0.0353	0.0448	0.0458	0.0436	0.0420	0.0415	0.0375	0.0378	0.0397

Panel C：公司纵向风险承担水平各年度均值

观测时段	2003 ~ 2005	2004 ~ 2006	2005 ~ 2007	2006 ~ 2008	2007 ~ 2009	2008 ~ 2010	2009 ~ 2011	2010 ~ 2012	2011 ~ 2013	总体均值
σ（ROA）	0.0190	0.0192	0.0209	0.0255	0.0258	0.0224	0.0193	0.0201	0.0195	0.0210

表 3 - 4 的 Panel A 为公司横、纵向风险承担水平的总体描述性统计结果。从中我们可以看到，无论是公司横向还是纵向风险承担水平，最小值与最大值之间的差距都较大，说明样本公司间的风险承担水平具有较高的区分度，为接下来的实证研究提供了一定的可行性。

表 3 - 4 中的 Panel B 和 Panel C 分别为公司横、纵向风险承担水平各年度均值的描述性统计结果，并根据 Panel B 和 Panel C 得到各年变化趋势折线图 3 - 1。从图 3 - 1 中我们可以看到，描述样本公司的横向风险承担水平的曲线在研究期间内波动较大，而描述纵向风险承担水平的曲线变化较为规律。但无论是公司的横向风险承担水平曲线还是纵向风险承担水平的曲线，均呈现出先上升后下降的倒 "U" 型趋势，且总体趋势表现为波动上升。关于公司风险承担为何会表现出这种变化规律将在后续章节中进一步研究。

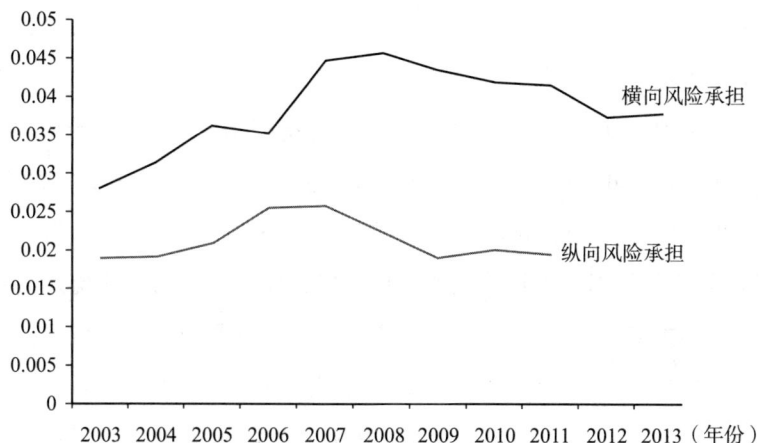

图 3-1　公司横、纵向风险承担水平逐年变化趋势

（2）CEO 权力总指标及各维度指标的描述性统计分析。

为了清晰地了解样本公司 CEO 权力的具体分布情况，接下来对 CEO 权力的总指标和八个维度指标进行统计性描述，具体内容如表 3-5 所示。

表 3-5　　　　　　　　CEO 权力及八个维度指标的描述性统计

权力指标	维度指标	N	均值	最小值	25%分位数	中值	75%分位数	最大值	标准差
位置权力	Dual	6106	1.6222	0	1	1	3	3	0.9674
所有者权力	Own	6106	0.5670	0	0	1	1	1	0.4955
	Founder	6106	0.2044	0	0	0	0	1	0.4033
专家权力	Edu	6106	0.0503	0	0	0	0	1	0.2185
	Title	6106	0.4851	0	0	0	1	1	0.4998
	Ptjob	6106	0.5529	0	0	1	1	1	0.4972
自主决策权力	Indd	6106	0.6390	0	0	1	1	1	0.4803
	Instii	6106	0.5575	0	0	1	1	1	0.4967
CEO总权力	Power	6106	4.1412	1	3	5	5	8	1.6946

注：CEO 总权力指标 Power 在前后 1% 分位水平上进行了缩尾（Winsorize）处理。

表 3 - 5 展示了 CEO 总的权力指标 Power 及八个维度变量总体的统计性描述结果。先从 CEO 权力维度的八个分项指标上分别考察，可以发现：

第一，反映 CEO 在董事会中兼职情况的指标 Dual，其中 25% 分位数等于 1，说明样本公司中 CEO 兼职情况非常普遍，至少有 75% 的公司的 CEO 兼任公司董事；同时，Dual 的均值为 1.6222，75% 分位数为 3，说明我国上市公司 CEO 兼任公司副董事长甚至董事长的现象也较为普遍。该统计结果表明我国上市公司中 CEO 两职合一现象较为普遍，CEO 具有较大的位置权力。

第二，反映 CEO 所有者权力的第一个指标 Own 均值为 0.5670，中值为 1，说明样本公司中一半以上的 CEO 持有所在公司的股票，这与张金若和陈逢文（2012）的结论不太一致，究其原因，本书使用的是 CEO 是否拥有本公司股权而非持股比例的多少来衡量 CEO 的所有者权力。所有者权力的另一指标 Founder 均值仅为 0.2044，说明我国上市公司中，公司创始人担任 CEO 的现象还不太常见[①]。

第三，在反映 CEO 专家权力的三个维度指标中，Title 与 Ptjob 的均值大体都在 0.5 左右，表明我国上市公司 CEO 专家权力受到一定程度的认可，但 Edu 这一指标的均值明显偏低，仅为 0.0503，表明我国上市公司 CEO 中具有高学历（博士学历及以上）的人员较少，这也与本书的样本公司中民营企业居多的样本构成有一定关系。

第四，反映 CEO 自主决策权力的两个维度指标 Indd 和 Instii 的均值都显著大于 0.5，表明样本公司 CEO 受到独立董事和机构投资者的制衡作用较小，在自由决策方面的权力相对较大。

第五，CEO 权力的综合衡量指标 Power 的均值为 4.1412，中值为 5，均超过了最大值的一半（最大值为 8），再次表明我国上市公司 CEO 权力较大。

综合分析结果，我们可知，我国上市公司 CEO 权力集中度较高，权力较

---

① 在数据搜集的过程中，笔者发现，样本公司中公司创始人同时兼任 CEO 的现象不太常见，二者合一的样本观测值仅占总样本的 20.44%。相比较而言，创业板上市公司中创始人兼任 CEO 的现象较为普遍，二者合一的样本观测值约占创业板总样本的 53.97%。

大，而这种较高的权力主要体现在其位置权力（Dual）、所有者权力（Own）和自主决策权力上。这种个人权力高度集中的公司治理机制将显著影响公司决策的制定和执行过程，也必将会引起公司业绩过大或过小的波动。由此可见，研究 CEO 权力与公司风险承担水平之间的关系这一命题具有较高的理论基础和现实意义。

为了进一步了解样本公司 CEO 权力变化情况，我们对 CEO 权力均值逐年进行统计，结果如表 3－6 所示。

表 3－6　　　　　　　　　CEO 权力各年度均值描述性统计

年份	2003	2004	2005	2006	2007	2008	2009	2010	2011	2012	2013
Power	3.9653	3.9860	3.6680	3.6560	3.8254	3.9306	4.0119	4.3208	4.3536	4.2962	4.2406

图 3－2 为根据表 3－6 做出的 CEO 权力逐年变化折线图。从结合表 3－6 和图 3－2，我们可以看出，样本公司 CEO 权力在 2006 年以前经历了一个快速下降的过程，2007 年及以后开始逐步攀升，至 2010 年达到峰值后又开始趋于下降。总体而言，样本公司 CEO 权力曲线呈现出先下降后上升、然后再下降的倒"S"型，但总体趋势仍表现为波动上升。该结果表明我国 CEO 权力强度在最近的十几年中虽然出现一定的波动，但总体水平逐年增长，需要引起公司及监管部门的注意。

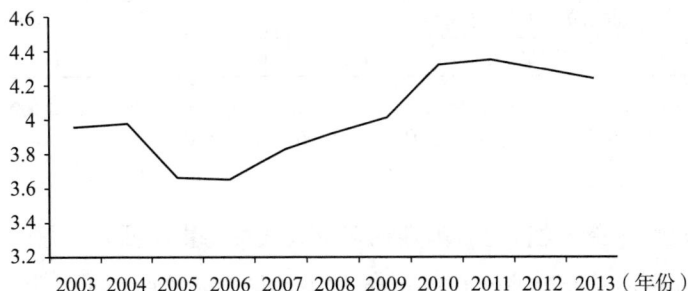

图 3－2　CEO 权力逐年变化趋势

结合图 3 − 1 和图 3 − 2 我们可以发现，CEO 权力强度与公司风险承担水平（尤其是横向公司风险承担水平）均表现出波动上升的趋势。我们初步可以认为，样本公司风险承担水平与 CEO 权力强度的变化趋势大体一致，二者可能存在一定的正相关关系，具体情况有待于通过实证分析做进一步检验。

（3）全部变量描述性统计及相关性检验。

表 3 − 7 为本章所有变量的总体描述性统计结果。通过对各变量的观察可以发现，一些变量的最大值与最小值偏差较大，即样本数据可能存在异常值，为了避免这些异常值对回归结果的影响，本书在进行具体回归时，对所有连续变量在 1% 和 99% 分位水平上进行缩尾处理（Winsorize）。

表 3 –7 全部变量的描述性统计

变量	观测值	均值	最小值	最大值	25%分位数	中值	75%分位数	标准差
σ（ROA）	3913	0.0210	0.0012	0.1198	0.0074	0.0141	0.0261	0.0213
$\mid \varepsilon\_ROA \mid$	6106	0.0397	0	0.5386	0.0121	0.0282	0.0535	0.0409
Power	6106	4.1387	0	8	3	4	5	1.7053
RFC	6106	0.0454	− 0.3935	0.4300	0.0056	0.0455	0.0888	0.0773
LnAsset	6106	21.5012	19.0208	26.8954	20.7750	21.3358	22.0368	1.0296
Lev	6106	0.3860	0.0071	0.9444	0.2131	0.3822	0.5510	0.2065
LnFirmage	6106	8.1959	5.9081	9.4259	7.8973	8.2919	8.5723	0.5274
Boardmum	6106	8.9931	3	18	8	9	9	1.8439
ROA	6106	0.0498	− 0.5069	0.3897	0.0221	0.0459	0.0717	0.0495
ROE	6106	0.0788	− 2.3633	0.7505	0.0415	0.0749	0.1161	0.0942
Con	6106	0.3639	0.0362	0.8649	0.2432	0.3516	0.4695	1.4819
SOE	6106	0.3736	0	1	0	0	1	0.4838

注：公司纵向风险承担水平使用公司每三年的财务业绩指标 ROA 的滚动标准差来衡量，因此最终得到的观测值为 3913 条，其余变量的观测值均为 6106 条。

为了检验各变量之间是否因存在多重共线性而影响回归系数的一致性与无偏性，本章还对变量进行了 Pearson 相关性检验，检验结果见表 3 − 8 中的 Panel A 和 Panel B 所示。

表 3 - 8　　主要变量间的 Pearson 相关系数检验

Panel A：横向风险承担及各变量间的相关系数检验

	$|\varepsilon\_ROA|$	Power	RFC	LnAsset	Lev	ROA	Con	LnFirmage	Boardnum
$|\varepsilon\_ROA|$	1.0000								
Power	0.0164 (0.1987)	1.0000							
RFC	0.0650 *** (0.0000)	-0.0629 *** (0.0000)	1.0000						
LnAsset	0.1256 *** (0.0000)	-0.1323 *** (0.0000)	0.0425 *** (0.0009)	1.0000					
Lev	0.1425 *** (0.0000)	-0.1708 *** (0.0000)	-0.0583 *** (0.0000)	0.5415 *** (0.0000)	1.0000				
ROA	-0.1508 *** (0.0000)	0.0194 (0.1292)	0.3325 *** (0.0000)	-0.0138 (0.2799)	-0.3631 *** (0.0000)	1.0000			
Con	0.0087 (0.4963)	-0.0713 *** (0.0000)	0.0538 *** (0.0000)	0.1249 *** (0.0000)	0.0184 (0.1504)	0.0700 *** (0.0000)	1.0000		
LnFirmage	0.0652 *** (0.0000)	-0.1573 *** (0.0000)	0.0722 *** (0.0000)	0.2807 *** (0.0000)	0.2750 *** (0.0000)	-0.1205 *** (0.0000)	-0.1770 *** (0.0000)	1.0000	
Boardnum	0.0258 ** (0.0438)	-0.0187 (0.1449)	0.0848 *** (0.0000)	0.2936 *** (0.0000)	0.1914 *** (0.0000)	0.0155 (0.2259)	-0.0312 ** (0.0148)	0.0572 *** (0.000)	1.0000

注：括号内为相关系数检验的 P 值。

续表

Panel B: 纵向风险承担及各变量间的相关系数检验

	$\sigma(ROA)$	Power	RFC	LnAsset	Lev	ROA	Con	LnFirmage	Boardnum
$\sigma(ROA)$	1.0000								
Power	-0.0019 (0.9037)	1.0000							
RFC	-0.0048 (0.7654)	-0.0864*** (0.0000)	1.0000						
LnAsset	0.0686*** (0.0000)	-0.1358*** (0.0000)	0.0446*** (0.0053)	1.0000					
Lev	0.2040*** (0.0000)	-0.1734*** (0.0000)	-0.0301* (0.0597)	0.5191*** (0.0000)	1.0000				
ROA	-0.1084*** (0.0000)	0.0338** (0.0347)	0.3316*** (0.0000)	-0.0248 (0.1205)	-0.4161*** (0.0000)	1.0000			
Con	-0.0488*** (0.0023)	-0.0492*** (0.0021)	0.0575*** (0.0003)	0.1408*** (0.0000)	0.0078 (0.6252)	0.0712*** (0.0000)	1.0000		
LnFirmage	0.0613*** (0.0001)	-0.1704*** (0.0000)	0.0711*** (0.0000)	0.2912*** (0.0000)	0.3083*** (0.0000)	-0.1612*** (0.0000)	-0.2023*** (0.0000)	1.0000	
Boardnum	0.0122 (0.4472)	-0.0331** (0.0386)	0.0967*** (0.0000)	0.3001*** (0.0000)	0.1856*** (0.0000)	-0.0073 (0.6487)	-0.0295* (0.0647)	0.0597*** (0.002)	1.0000

注: 括号内为相关系数检验的 P 值。

表 3 - 8 中的 Panel A 和 Panel B，从相关系数的大小来看，除总资产（LnAsset）与资产负债率（Lev）之间的相关系数大于 0.5（Panel A 中为 0.5415，Panel B 中为 0.5191）且较为显著外，其余变量之间的相关系数都较小，可以初步认为各变量间不存在多重共线性。但是从相关系数的显著性来看，P 值绝大部分都在 1% 以下，拒绝了两个变量间不存在相关性的原假设，这就使得单纯从相关系数的大小上无法得出变量间相关性高低的结论。为了解决这个问题，接下来计算各变量的方差膨胀系数，见表 3 - 9。

表 3 - 9 各变量方差膨胀系数表

Variable	VIF	1/VIF
Power	1.09	0.9190
RFC	1.28	0.7810
ROA	1.45	0.6910
Lev	2.17	0.4610
LnAsset	1.92	0.5210
Boardnum	1.2	0.8320
Con	1.13	0.8830
LnFirmage	1.29	0.7770
Mean VIF	1.44125	

表 3 - 9 中，各变量的单独 VIF 值和所有变量的 VIF 均值都显著小于 10，因此可以认为本书所使用的各变量间不存在多重共线性问题，避免了模型系数估计失真或估计不准等问题的出现。

3.3　实　证　结　果

3.3.1　CEO 权力与公司横向风险承担的多元回归分析

表 3 - 10 是 CEO 权力 Power 与公司横向风险承担 $|\varepsilon\_ROA|$ 之间的多元分

析回归结果。其中，模型（1）使用的是面板数据的固定效应模型（FE），模型（2）则将样本数据视为混合数据（Pool Data），使用普通最小二乘法（OLS）进行估计。

Hambrick 和 Abrahamson（1995）曾指出，环境不确定性越强，管理者需要处理的信息越多，管理者权威对决策的影响越大，而过高的公司风险又可能使得公司权力进一步向管理层尤其是 CEO 手中转移。因此，考虑到 CEO 权力 Power 与公司风险承担可能存在的内生性问题，借鉴 Ivan 等（2002）、权小锋和吴世农（2010）的方法，在模型（3）与模型（4）中分别在 FE 和 OLS 下应用了工具变量（IV）法进行估计，并使用 CEO 权力 Power 的滞后一期值 $Power_{(-1)}$ 作为工具变量。进一步，为了防止可能存在的异方差或自相关问题，本章采用"聚类稳健标准误（Cluster）"按公司进行聚类调整（Peterson et al.，2009；Gow et al.，2010），对回归模型（1）和模型（2）的结果进行了修正[①]。修正后的回归结果如表 3 – 10 所示。

表 3 – 10　　　　　　CEO 权力与公司横向风险承担的回归结果

因变量	$|\varepsilon\_ROA|$			
自变量	模型（1） FE	模型（2） OLS	模型（3） IV（FE）	模型（4） IV（OLS）
C	0.0127 (0.12)	− 0.1516 *** （− 2.98）	− 0.1254 *** ［− 2.63］	− 0.1210 *** （− 3.32）
Power	0.0022 ** (2.08)	0.0024 ** (2.36)	0.0027 ** ［2.31］	0.0022 ** (2.47)
RFC	0.0976 *** (5.94)	0.1382 *** (4.16)	0.1281 *** ［7.44］	0.1495 *** (8.61)
LnAsset	0.0014 (0.37)	0.0096 *** (4.02)	0.0093 *** ［4.69］	0.0101 *** (6.49)

[①]　聚类稳健标准误主要是针对不符合球形扰动项假设的一个处理，即扰动项之间存在自相关或异方差，这个处理不影响无偏性，只会影响到 t 统计量的大小。

续表

因变量	$|\varepsilon\_ROA|$			
Lev	0.0361 **	0.0073	0.0012	0.0026
	(2.55)	(0.57)	[0.12]	(0.31)
ROA	− 0.5340 ***	− 0.3083 **	− 0.4494 ***	− 0.3210 ***
	(− 17.69)	(− 2.15)	[− 15.75]	(− 11.72)
Con	0.0001	0.0000	0.0067	− 0.0089
	(0.48)	(0.23)	[0.63]	(− 1.04)
LnFirmage	0.0037	0.0023	0.0002	0.0002
	(0.40)	(0.83)	[0.07]	(0.07)
Boardnum	− 0.0016	− 0.0010	− 0.0012	− 0.0011
	(− 1.35)	(− 1.07)	[− 1.43]	(− 1.64)
Inddummy	Yes	Yes	Yes	Yes
Yeardummy	Yes	Yes	Yes	Yes
观测值 N	6106	6106	4996	4996
Within − R^2/ Adjust − R^2	0.1790	0.1653	0.1889	0.1587

注：（1）圆括号内的数字为对标准误按公司聚类调整后（clustered at the firm level）得到的 t 值，方括号内的数字为工具变量法下得到的 z 值；

（2）*、**、*** 分别代表回归结果在 10%、5% 和 1% 的水平上双尾显著；

（3）回归（3）和（4）由于使用了 Power 变量的滞后一期作为工具变量，因此观测值由 6106 减少到 4996 个；

（4）模型（1）、（3）对应的是 Within − R^2，模型（2）、（4）对应的是 Adjust − R^2。

从表 3 - 10 中可以看到，在所有模型下，CEO 权力 Power 的系数均在 5% 的显著性水平下显著为正，说明 CEO 权力越大，公司经营业绩偏离正常业绩水平的幅度越大，公司横向风险承担水平越高，假设 3.1a 初步得证。

通过观察四个模型中的控制变量我们可以发现，RFC（自由现金流比率）、LnAsset（总资产）的系数基本都在 1% 的显著性水平下显著为正，这说明规模较大、自由现金流较多的公司，无论在自身抗风险的客观能力上，还是从其挑战风险的主观意愿上，都有较高的冒险倾向，从而面临着较高的风险承担水平。同时，四个模型中的控制变量 ROA（总资产收益率）与公司横向风险承担水平呈现出显著的负相关关系，这与权小锋和吴世农（2010）

的结论恰好相反。作者认为，这可能是因为，相比低收益率的公司，当公司目前的资产利润率已处于较高水平时，公司业绩波动的空间有限，此时 CEO 个人决策引起业绩波动的水平也会相应较低。同时，表 3 – 11 中 Lev（资产负债率）的系数均为正（但仅在模型（1）中通过了显著性检验），说明公司对项目投资、R&D 等资本性支出的增加在提高了公司的资产负债水平的同时，也会进一步加大公司风险承担水平。描述公司上市时间的变量（Lnfirmage）的系数在模型（1）~ 模型（4）中均为正，但不显著，符合最初的符号预判，说明公司成立年限越长，抗风险能力越强。

值得注意的是，公司董事会规模（Boardnum）的回归系数为负，但并不显著。该结果表明，虽然理论上董事会治理能够对公司风险承担水平起到一定的抑制作用，即随着董事会人数的增加，公司决策更容易采取折衷的结果，从而降低公司业绩的波动性。但这种抑制作用并未通过显著性检验，这很可能是因为，目前我国上市公司普遍存在着信息不对称、"一股独大"等问题，特别是在董事长和总经理"两职合一"的状态下，董事会很难发挥对公司高管的监督作用。同时，董事会这种监督的弱有效性又进一步引发了 CEO 权力膨胀和公司风险承担水平的加剧。从这个意义上讲，仅仅依靠董事会等公司内部治理机制已无法有效解决 CEO 权力过度集中引发的公司较高的风险承担问题。

表 3 – 10 中的其他控制变量在四个模型中与公司横向风险承担水平表现出或正或负的关系，但均不显著，这些结果同第 2 章中所述文献的结论基本一致，这里就不再详细解释。

3.3.2　CEO 权力与公司纵向风险承担的多元回归分析

表 3 – 11 是 CEO 权力 Power 与公司纵向风险承担 $\sigma(ROA)$ 之间的多元分析回归结果。其中，模型（1）应用了面板数据的固定效应模型（FE），模型（2）应用了混合数据的最小二乘法（OLS）。模型（3）和模型（4）考虑了 CEO 权力与公司纵向风险承担水平之间的内生性问题，使用每个区间（三年）

的 CEO 权力均值 Power$_3$ 作为 Power 的代理变量，分别在固定效应模型和最小二乘法下应用工具变量（IV）法进行回归分析。考虑到可能存在的异方差与自相关问题，模型（1）和模型（2）也对标准误按公司进行了聚类调整。

表 3 – 11   CEO 权力与公司纵向风险承担的回归结果

因变量	$\sigma(ROA)$			
自变量	模型（1） FE	模型（2） OLS	模型（3） IV（FE）	模型（4） IV（OLS）
C	− 0. 1962 ** （− 1. 87）	0. 0540 * （1. 81）	− 0. 1906 ** [− 1. 81]	0. 0560 * （1. 87）
Power	0. 0030 *** （2. 88）	0. 0011 * （1. 73）	0. 0046 *** [3. 00]	0. 0009 （1. 23）
RFC	0. 0156 （1. 05）	0. 0483 *** （3. 35）	0. 0146 [0. 98]	0. 0481 *** （3. 34）
LnAsset	0. 0096 ** （2. 58）	− 0. 0001 （− 0. 07）	0. 0091 ** [2. 44]	− 0. 0001 （− 0. 08）
Lev	0. 0109 （0. 79）	0. 0545 *** （7. 47）	0. 0115 [0. 83]	0. 0543 *** （7. 44）
ROA	− 0. 1796 *** （− 6. 25）	− 0. 2026 *** （− 7. 91）	− 0. 1763 *** [− 6. 12]	− 0. 2028 *** （− 7. 92）
Con	− 0. 0004 * （− 1. 81）	− 0. 0204 *** （− 2. 79）	− 0. 0004 ∗ [− 1. 82]	− 0. 0206 *** （− 2. 81）
LnFirmage	0. 0092 （0. 94）	− 0. 0011 （− 0. 53）	0. 0089 [0. 90]	− 0. 0012 （− 0. 58）
Boardnum	− 0. 0031 *** （− 3. 04）	− 0. 0010 * （− 1. 67）	− 0. 0032 *** [− 3. 10]	− 0. 0010 * （− 1. 66）
Inddummy	Yes	Yes	Yes	Yes
Yeardummy	Yes	Yes	Yes	Yes
观测值 N	3913	3913	3913	3913
Within – R^2/ Adjust – R^2	0. 1341	0. 0691	0. 1333	0. 0691

注：（1）圆括号内的数字为对标准误按公司聚类调整后得到的 t 值，方括号内的数字为工具变量法下得到的 z 值；

（2）*、**、*** 分别代表回归结果在10%、5%和1%的水平上双尾显著；

（3）模型（1）、模型（3）对应的是 Within – R^2，模型（2）、模型（4）对应的是 Adjust – R^2。

除模型（4）外，表3-11 的前三个模型中的 CEO 权力 Power 与公司纵向风险承担水平均呈现显著正相关关系。也就是说 CEO 权力越大，个人决策带来的公司业绩纵向波动性也越大，公司纵向风险承担水平越高，假设 3.1a 再次得证。

综合表3-10 与表3-11 的结果，本书认为，公司中 CEO 权力越大，受到董事会和其他高管的制衡力量越小，公司经营决策中就越容易反映 CEO 个人意志，而这种个人意志往往伴随着个人极端决策的出现，从而公司业绩的剧烈波动，使得公司承担较大的风险水平。也就是说，表3-10 和表3-11 的结论都支持假设 3.1a，即在其他条件不变的情况下，CEO 权力越大，公司风险承担水平越高。

表3-11 的模型（1）~模型（4）中，控制变量 ROA 的系数符号仍然在 1% 的水平上显著为负，这与表3-10 中的结果完全一致，说明公司总资产收益率与公司风险承担水平之间的关系具有较强的稳定性。值得注意的是，与表3-10 相比，表3-11 中所有模型下的公司董事会规模（Boardnum）的回归系数不仅都为负，且均通过了显著性检验。这说明，董事会规模越大，公司业绩波动幅度越小，公司风险承担水平越低，董事会治理对公司风险的抑制作用需要在较长的一段时间里才能发挥作用。该结果表明，相比短期效果，董事会治理的长期效果更加明显[①]。同时，表3-11 的四个模型中，Con（第一大股东持股比例）的回归系数均显著为负（表3-10 中 Con 的系数大部分为正，且都不显著）。作者认为，该结果可以解释为当大股东个人财富主要集中于某一公司时，大股东对公司绩效波动的敏感性很高，虽然其希望公司每年都能有好的业绩出现，但更希望公司业绩在一定的时间序列内保持相对稳定，而不要出现较大幅度的波动，因此 Con（第一大股东持股比例）与公司纵向风险承担水平之间会呈现出显著的负相关关系。

---

① 由于公司横向风险承担使用的是每家公司当年度的业绩横向离散度，因此每个研究期仅为一年，纵向风险承担使用的是每三年的滚动标准差，因此每个研究期为三年。

3.4 进一步研究——不同控制人身份下 CEO 权力与公司风险承担

（1）理论分析与研究假设。

有关国有企业与非国有企业的效率之争，近几十年来，一直是我国学者和研究机构热衷的问题，其中，关于二者之间在经营业绩方面的差异被讨论地最为广泛热烈（夏立军和方轶强，2005；陈冬华等，2005；辛清泉等，2007；吕长江和赵宇恒，2008；潘红波等，2008；卢锐等，2008；权小锋和吴世农，2010），并取得了较为一致的结论，即非国有企业的业绩相对高于国有企业。2008 年，南开大学公司治理评价课题组对我国上市公司的总体治理状况的调查结果显示，相对于国有上市公司，非国有上市公司具有更加明晰的产权和更高的经营效率，公司业绩水平往往也更高。如前所述，在评价公司效率时，除了业绩总体水平，公司业绩的波动性也同样重要。那么国有上市公司和非国有上市公司的业绩波动性是否也存在着差别呢？同时，结合本章 3.3 中的实证结果，从中国的制度背景来看，国有上市公司和非国有上市公司的 CEO 权力是否存在差异？国有上市公司 CEO 的权力对公司风险承担水平的影响程度是否与非国有上市公司 CEO 权力对公司风险承担水平的影响程度存在显著差异？

在我国，国有企业的产权名义上归全体人民所有，但实际上，国有企业的所有权比任何一家私有企业的所有权都要分散。特别是，国有企业的实际管理中，"所有者缺位"现象严重，董事会监督职能弱化，再加上很多国有企业总经理和董事长平行任命，长期以来未建立起有效的约束机制，这就使董事会的约束能力进一步弱化，监督一职更多的只是浮于形式（陈冬华等，2005；吕长江和赵宇恒，2008；卢锐等，2008；张洽和袁天荣，2013）。上述问题的存在，造成了国有上市公司的管理者或 CEO 的权力更加高度集中。

Fan 等（2009）在其工作报告中指出，中国的国有企业一直致力于通过市场化改革完善公司的治理结构和管理体制，但改革给国有企业带来的一个普遍的问题就是，随着上市公司金字塔层级控制链条的加长，企业经营决策的权力不断下移，尤其是以总经理为代表的高层管理人员的权力得到空前加强。Li 和 Tang（2010）以中国沪深两市的上市公司为背景，研究发现，除企业自身特征和所处行业的市场竞争程度等因素外，企业的实际控制人身份（国有或非国有）等因素也会影响到 CEO 权力的大小。

综上所述，国有上市公司相对非国有上市公司的代理问题更加严重，主要表现在两个方面：第一，国有上市公司由于"一股独大"和"所有者缺位"现象并存，导致其内部高层权力不断膨胀，极端决策行为受到的监管程度更弱，而非国有上市公司由于私有产权控制的原因，其公司治理结构、内部控制体系相对更严格，能够实现对公司管理层以及 CEO 行为的有效监督；第二，相比非国有上市公司，国有上市公司不同程度地承担了政府的社会职能，CEO 的政治升迁更多地取决于他们取悦于上级政府的程度，这就导致国有上市公司 CEO 的决策不能或不完全符合公司股东目标，反而迎合了政府的短期社会目标。

基于以上分析，本书认为，相比非国有上市公司，国有上市公司由于存在着更为严重的代理问题，使得国有上市公司的 CEO 权力更大，而其决策行为受到的监管力度更小，因此更容易做出冒险的决策，加剧公司的风险承担水平。就此提出假设 3.2。

假设 3.2：在其他条件不变的情况下，国有上市公司 CEO 权力对公司风险承担的影响程度要高于非国有上市公司 CEO 权力对公司风险承担的影响程度。

（2）变量选取及模型设定。

为了验证假设 3.2 是否成立，本部分的检验过程采取两种方法：

第一种方法是将研究样本按照实际控制人身份分为两组，一组是具有国有背景的上市公司，另一类是非国有背景的上市公司。实证检验过程中，沿用 3.2 中的回归模型（3-2）和模型（3-3），通过对比两组中 CEO 权力与风险承担水平的系数的大小，比较在不同控制人身份下 CEO 权力对公司风险承担影响的强弱。

第二种方法是在回归模型（3-2）和模型（3-3）的基础上引入 CEO 权力与控制人身份的虚拟变量交乘项 Power×SOE，通过观察该交乘项的系数的符号，判定在国有上市公司与非国有上市公司中，CEO 权力对公司风险承担的影响是否存在显著不同。该方法使用的回归模型如下所示：

$$RISK_{it} = \eta_0 + \eta_1 Power_{it} + \eta_2 Power_{it} \times SOE_{it} + \eta_3 RCF_{it} + \eta_4 LnAsset_{it}$$
$$+ \eta_5 Lev_{it} + \eta_6 ROA_{it} + \eta_7 Con_{it} + \eta_8 LnFirmage_{it} + \eta_9 Boardnum_{it}$$
$$+ \sum_{m=1}^{11} \eta_{9+m} Inddummy + \sum_{j=1}^{10} \eta_{20+j} Yeardummy + \zeta_{it} \qquad (3-4)$$

其中，RISK 代表公司风险承担水平，分别用 $|\varepsilon\_ROA|$ 和 $\sigma(ROA)$ 来表示。

（3）不同控制人身份下 CEO 权力、公司横纵向风险承担水平均值的差异性检验。

本部分对国有上市公司和非国有上市公司之间的 CEO 权力、公司横向和纵向风险承担水平的均值进行了差异性检验，具体结果如表 3-12 所示。

表 3-12　　　　不同控制人身份下 CEO 权力、公司横纵向风险
承担水平均值的差异性检验

变量	国有上市公司		非国有上市公司		均值差异性检验
	样本数	均值	样本数	均值	T 值
Power	2281	3.5704	3825	4.4776	−20.8110 ***
$|\varepsilon\_ROA|$	2281	0.0716	3825	0.0627	5.5555 ***
$\sigma(ROA)$	1700	0.0445	2213	0.0401	2.0701 **

注：（1）横向风险承担水平下的国有企业观测数为 2281，非国有企业的观测数为 3815，共计 6106 条观测值；

（2）纵向风险承担水平下的国有企业观测数为 1700，非国有企业的观测数为 2213，共计 3913 条观测值。

表 3 - 12 的结果显示：①国有上市公司 CEO 权力的均值为 3.5704，非国有上市公司 CEO 权力均值为 4.4776，均值差异性检验的 T 值显示，国有上市公司 CEO 权力要小于非国有上市公司的 CEO 权力；②无论是从公司的横向风险承担水平，还是从公司的纵向风险承担水平上看，国有上市公司的均值（分别为 0.0716 和 0.0445）都高于非国有企业的均值（分别为 0.0627 和 0.0401），且统计意义上显著。该结果表明，即使国有上市公司 CEO 的权力强度在总体水平上小于非国有上市公司的 CEO 权力强度，但由于国有上市公司中"所有者缺位"、监督机制弱化、约束机制匮乏等问题，使得国有上市公司的代理问题更加严重，受到弱监管的国有上市公司 CEO 更容易独断专行，做出冒险的决策，公司的风险承担水平表现得更高。

（4）不同控制人身份下 CEO 权力与公司风险承担的多元回归分析。

表 3 - 12 的结果初步表明假设 3.2 是成立的，接下来，本章将利用回归模型（3 - 2）~ 模型（3 - 4）对假设 3.2 进行进一步检验。Hausman 检验的结果显示，所有模型中固定效应都要优于随机效应，因此，本部分仍然采用面板数据的固定效应模型进行回归分析，具体回归结果见表 3 - 13。

表 3 - 13 不同控制人身份下 CEO 权力对公司风险承担的不同影响

自变量	$\lvert \varepsilon\_ROA \rvert$			$\sigma(ROA)$		
自变量	模型（1）国有	模型（2）非国有	模型（3）总体	模型（4）国有	模型（5）非国有	模型（6）总体
C	- 0.1144 (- 0.64)	0.1639 (1.15)	0.0240 (0.23)	- 0.2866 * (- 1.84)	- 0.0193 (- 0.12)	- 0.2014 * (- 1.91)
Power	0.0054 *** (3.11)	0.0003 (0.22)	0.0004 (0.33)	0.0013 (0.89)	0.0045 *** (2.94)	0.0044 *** (3.11)
Power × SOE			0.0050 ** (2.28)			- 0.0030 (- 1.46)
RFC	0.0816 *** (3.16)	0.0984 *** (4.64)	0.0982 *** (5.97)	- 0.0132 (- 0.66)	0.0372 * (1.69)	0.0151 (1.02)

续表

自变量	$\|\varepsilon\_ROA\|$			$\sigma(ROA)$		
自变量	模型（1）国有	模型（2）非国有	模型（3）总体	模型（4）国有	模型（5）非国有	模型（6）总体
LnAsset	0.0120 ** (2.35)	−0.0083 (−1.41)	0.0010 (0.26)	0.0111 ** (2.41)	0.0049 (0.78)	0.0098 *** (2.62)
Lev	0.0122 (0.57)	0.0619 *** (3.25)	0.0370 *** (2.61)	0.0122 (0.67)	0.0070 (0.33)	0.0104 (0.76)
ROA	−0.2417 *** (−5.04)	−0.7149 *** (−18.5)	−0.5328 *** (−17.65)	−0.2159 *** (−5.64)	−0.1402 *** (−3.26)	−0.1798 *** (−6.26)
Con	−0.0002 (−0.83)	0.0008 ** (2.38)	0.0099 (0.46)	−0.0003 (−1.08)	−0.0003 (−0.94)	−0.0004 * (−1.77)
LnFirmage	−0.0116 (−0.64)	0.0070 (0.63)	0.0032 (0.35)	0.0149 (0.93)	0.0010 (0.07)	0.0095 (0.96)
Boardnum	−0.0018 (−1.14)	−0.0019 (−1.12)	−0.0015 (−1.29)	−0.0015 (−1.23)	−0.0059 *** (−3.27)	−0.0033 *** (−3.18)
Inddummy	Yes	Yes	Yes	Yes	Yes	Yes
Yeardummy	Yes	Yes	Yes	Yes	Yes	Yes
观测值 N	2281	3825	6106	1700	2213	3913
Within − R^2	0.1319	0.1347	0.1799	0.1637	0.1227	0.1348

注：（1）圆括号内的数字为对标准误按公司聚类调整后得到的 t 值；
（2）*、**、*** 分别代表回归结果在 10%、5% 和 1% 的水平上双尾显著。

表 3-13 的模型（1）~ 模型（3）是在不同控制人身份下，CEO 权力与公司横向风险承担水平 $|\varepsilon\_ROA|$ 之间的多元分析回归结果。其中，模型（1）和模型（2）分别为分组检验时，国有上市公司和非国有上市公司 CEO 权力 Power 与公司横向风险承担水平的回归结果，模型（3）研究的是总体样本，并在模型（1）、模型（2）的基础上引入了 CEO 权力与公司控制人身份的交乘项 Power × SOE。表 3-13 的模型（4）~ 模型（6）是在不同控制人身份下，CEO 权力与公司纵向风险承担水平 $\sigma(ROA)$ 之间的多元分析回归结果。模型（4）和模型（5）分别为分组检验时，国有上市公司与非国有上市公司 CEO 权力 Power 与公司纵向风险承担水平的回归结果，模型（6）也同样引

入了 CEO 权力与公司控制人身份的交乘项 Power×SOE。

表 3-13 中模型 (1) 和模型 (2) 下 Power 的系数均为正,说明无论是在国有上市公司还是非国有上市公司中,CEO 权力与公司风险承担水平之间都存在正相关关系,CEO 权力越大,公司风险承担水平越高,假设 3.1a 再次得证。同时,还可以观察到,模型 (1) 中 Power 的系数值显著高于模型 (2) 中 Power 的系数值(前者为 0.0054,后者为 0.0003,且仅有模型 (1) 中 Power 的系数通过了显著性检验),说明相比非国有上市公司,国有上市公司 CEO 权力对公司风险承担水平的影响程度更强。进一步,模型 (3) 中的交乘项 Power×SOE 的系数在 5% 的水平下显著为正,再次表明国有上市公司 CEO 权力对公司风险承担水平的影响程度显著地高于非国有上市公司 CEO 权力对公司风险承担水平的影响程度。假设 3.2 得证。

值得注意的是,模型 (4) 和模型 (5) 中 Power 的系数虽然也均为正,但是,模型 (4) 下 Power 的系数为 0.0013 (不显著),模型 (5) 中的系数为 0.0045 (在 5% 的水平下显著);同时,模型 (6) 中的交乘项 Power×SOE 的系数为负(但不显著),这些结果都表明国有上市公司 CEO 权力对公司风险承担的影响要显著地低于非国有上市公司 CEO 权力对公司风险承担的影响程度,这与模型 (1)~模型 (3) 的结论恰恰相反。作者推测这可能是由于,相对于非国有上市公司,国有上市公司存在着更为严重的委托代理关系,CEO 个人权力受到的监管和制衡作用更小,在公司决策的制定和执行上 CEO 更容易单独行事,因此,公司经营绩效偏离行业平均水平的可能性大大提高,相应地,公司横向风险承担水平表现得也越高。但也正是由于国有上市公司 CEO 的高度集权,使得这种决策习惯在时间序列上容易保持一定的持续性,使得国有上市公司的经营业绩在时间序列上表现出较小波动,从而公司纵向风险承担水平也较低。

表 3-13 中所有模型下的控制变量的系数符号及显著性与表 3-10 和 3-11 中的结果基本一致,这里将不再赘述。

综合表 3-12 和表 3-13 的结果,本书认为,虽然国有上市公司 CEO 权力在均值水平上低于非国有上市公司的 CEO 权力，但国有上市公司 CEO 权力所引起的公司风险承担水平却显著地高于非国有上市公司。该结论表明，CEO 权力在"所有者缺位"的国有上市公司的产权结构下，虽然表现出来的权力不大，但由于董事会等监督机制的进一步弱化，CEO 行为受到约束很小，其内在权力所能控制的资源和人脉比非国有上市公司 CEO 大得多，表现出来的代理问题也更加严重。因此，即使国有上市公司 CEO 的权力与非国有上市公司 CEO 的权力相同甚至或偏小，但国有企业 CEO 的个人决策更加自由，极端决策出现的可能性大大增加，相应地，公司风险承担水平也更高，假设 3.2 得证。

3.5 稳健性检验

为了确保本章估计结果的有效性和结论的稳健性，本节将进行多项稳健性测试。

（1）仅用两职合一（Dual）度量 CEO 权力。

前面所述的 CEO 权力 Power 是由反映 CEO 的位置权力、所有者权力、专家权力和自主决策权力的四个方面八个分项指标相加取得。为了避免综合指标存在的信息重复或信息强度不一等问题，借鉴王克敏和王志超（2007）、卢锐等（2008）和林川等（2011）界定 CEO 权力的方法，本书也只使用 CEO 与董事长、副董事长或董事"两职合一（Dual）"情况来衡量 CEO 权力大小，研究CEO 的"两职合一"情况对公司风险承担水平是否也存在着显著的正向影响。在变量的选取上，除作为自变量的 CEO 权力的衡量指标发生变化外，因变量与控制变量均沿用表 3－2 中的变量设定，本部分使用的回归模型如（3－5）所示：

$$
\begin{aligned}
RISK_{it} = {} & \alpha_0 + \alpha_1 Dual_{it} + \alpha_2 RCF_{it} + \alpha_3 LnAsset_{it} + \alpha_4 Lev_{it} + \alpha_5 ROA_{it} \\
& + \alpha_6 Con_{it} + \alpha_7 LnFirmage_{it} + \alpha_8 Boardnum_{it} \\
& + \sum_{m=1}^{11} \alpha_{8+m} Inddummy + \sum_{j=1}^{10} \alpha_{19+j} Yeardummy + \varepsilon_{it} \quad (3-5)
\end{aligned}
$$

其中，RISK 代表公司风险承担水平，分别用 $|\varepsilon\_ROA|$ 和 $\sigma(ROA)$ 表示，Dual 代表 CEO 权力，其他变量的释义见表 3-2。沿用本章 3.2 中的面板数据回归方法，本部分仍采用固定效应对模型进行分析，具体回归结果见表 3-14。

表 3-14　　　CEO 权力（两职合一）与公司风险承担的回归结果

因变量	$|\varepsilon\_ROA|$	$\sigma(ROA)$
自变量	模型（1）	模型（2）
C	0.0091 （0.09）	-0.1974 * （-1.88）
Dual	0.0063 *** （3.45）	0.0071 *** （3.95）
RFC	0.0972 *** （5.91）	0.0147 （0.99）
LnAsset	0.0015 （0.40）	0.0096 ** （2.57）
Lev	0.0351 ** （2.48）	0.0103 （0.76）
ROA	-0.5351 *** （-17.77）	-0.1822 *** （-6.37）
Con	0.0001 （0.56）	-0.0003 * （-1.72）
LnFirmage	0.0033 （0.36）	0.0093 （0.94）
Boardnum	-0.0013 （-1.09）	-0.0028 *** （-2.70）
Inddummy	Yes	Yes
Yeardummy	Yes	Yes
观测值 N	6016	3913
Within - R^2	0.1804	0.1366

注：（1）*、**、*** 分别代表回归结果在 10%、5% 和 1% 的水平上双尾显著；
（2）方括号内的数字为对标准误按公司聚类调整后得到的 t 值。

表 3-14 的结果显示，在使用 CEO 与董事长、副董事长或董事"两职合一"与否（Dual）来衡量 CEO 权力时，无论是在以横向风险承担水平 $|\varepsilon\_ROA|$ 作为因变量的模型（1）中，还是以纵向风险承担水平 $\sigma(ROA)$ 作为因变量的模型（2）中，Dual 的系数均在 1% 的水平上显著为正。该结果表明 CEO 如果兼任公司董事，尤其是担任董事长一职时，CEO 会获得更大的位置权力，这种高度集中的权力将导致企业经营出现极端值的可能性大大增加，相应地，公司风险承担水平也越高，假设 3.1a 的结论再次得证。

接下来，本书将继续使用 CEO 的两职合一（Dual）检验在不同的控制人身份下（国有上市公司与非国上市公司），CEO 权力对公司风险承担水平的影响是否也存在着显著差异。仿照 3.4 部分的检验方法，本部分也采取分组回归和引入 CEO 权力变量与公司实际控制人身份的虚拟变量的交乘项（Dual × SOE）的方法，并建立回归模型（3-6），具体内容如式（3-6）所示：

$$RISK_{it} = \beta_0 + \beta_1 Dual_{it} + (\beta_2 Dual_{it} * SOE_{it}) + \beta_3 RCF_{it} + \beta_4 LnAsset_{it} + \beta_5 Lev_{it}$$
$$+ \beta_6 ROA_{it} + \beta_7 Con_{it} + \beta_8 LnFirmage_{it} + \beta_9 Boardnum_{it}$$
$$+ \sum_{m=1}^{11} \beta_{9+m} Inddummy + \sum_{j=1}^{10} \beta_{20+j} Yeardummy + \mu_{it} \qquad (3-6)$$

表 3-15 是不同控制人身份下 CEO 两职合一与否（Dual）与公司横、纵向风险承担水平之间的多元分析回归结果。模型（1）和模型（2）分别为国有上市公司和非国有上市公司 CEO 权力 Dual 与公司横向风险承担水平 $|\varepsilon\_ROA|$ 的回归结果，模型（3）引入 CEO 权力与公司控制人身份的交乘项 Dual × SOE。模型（4）和模型（5）分别为国有上市公司和非国有上市公司 CEO 权力 Dual 与公司纵向风险承担水平 $\sigma(ROA)$ 的回归结果，模型（6）也同样引入了 CEO 权力与公司控制人身份的交乘项 Dual × SOE。

表 3 – 15　　　　不同控制人身份下 CEO 权力（Dual）与公司风险承担的回归结果

因变量	$\mid\varepsilon\_ROA\mid$			$\sigma(ROA)$		
自变量	模型（1）国有	模型（2）非国有	模型（3）总体	模型（4）国有	模型（5）非国有	模型（6）总体
C	− 0.1009 （− 0.57）	0.1587 （1.12）	0.0210 （0.20）	− 0.2845 * （− 1.83）	− 0.0396 （− 0.25）	− 0.2058 * （− 1.96）
Dual	0.0143 *** （4.60）	0.0021 （0.94）	0.0024 （1.07）	0.0024 （0.96）	0.0104 *** （4.02）	0.0109 *** （4.52）
Dual × SOE			0.0118 *** （3.03）			− 0.0086 ** （− 2.36）
RFC	0.0798 *** （3.10）	0.0980 *** （4.62）	0.0974 *** （5.93）	− 0.0134 （− 0.67）	0.0362 （1.65）	0.0143 （0.96）
LnAsset	0.0120 ** （2.36）	− 0.0082 （− 1.40）	0.0010 （0.26）	0.0111 ** （2.42）	0.0052 （0.83）	0.0098 *** （2.65）
Lev	0.0099 （0.46）	0.0615 *** （3.23）	0.0355 ** （2.51）	0.0118 （0.65）	0.0063 （0.30）	0.0104 （0.76）
ROA	− 0.2461 *** （− 5.16）	− 0.7145 *** （− 18.52）	− 0.5346 *** （− 17.77）	− 0.2175 *** （− 5.70）	− 0.1431 *** （− 3.34）	− 0.1818 *** （− 6.36）
Con	− 0.0002 （− 0.76）	0.0008 ** （2.40）	0.0001 （0.57）	− 0.0003 （− 1.07）	− 0.0003 （− 0.84）	− 0.0003 * （− 1.71）
Lnfirmage	− 0.0137 （− 0.76）	0.0069 （0.62）	0.0033 （0.36）	0.0147 （0.92）	0.0016 （0.12）	0.0094 （0.96）
Boardnum	− 0.0015 （− 0.94）	− 0.0018 （− 1.06）	− 0.0013 （− 1.09）	− 0.0014 （− 1.19）	− 0.0048 *** （− 2.66）	− 0.0027 *** （− 2.64）
Inddummy	Yes	Yes	Yes	Yes	Yes	Yes
Yeardummy	Yes	Yes	Yes	Yes	Yes	Yes
观测值 N	2281	3825	6106	1700	2213	3913
Within − R^2	0.1375	0.1349	0.1820	0.1638	0.1348	0.1385

注：（1）*、**、***分别代表回归结果在 10%、5% 和 1% 的水平上双尾显著；
（2）圆括号内的数字为对标准误按公司聚类调整后得到的 t 值。

在用公司横向业绩离散度衡量的公司风险下的模型（1）~模型（3）中，模型（1）中 CEO 权力的替代变量 Dual 的系数（0.0143）无论在大小和显著性上都明显高于模型（2）中 Dual 的系数（0.0021），且模型（3）中的交乘项 Dual×SOE 的系数在 1% 的水平下显著为正，这些结果再次说明 CEO 权力与公司横向风险承担之间的正相关系确实会因控制人身份的不同而显著不同，即国有上市公司 CEO 权力对公司横向风险承担的影响程度会显著地高于非国有上市公司 CEO 权力对公司横向风险承担的影响程度。假设 3.2 得证。

在用公司纵向业绩波动衡量的公司风险下的模型（4）~模型（5）中，模型（4）中 Dual 的系数为 0.0024，而模型（5）中 Dual 的系数为 0.0104，且在 1% 的水平下显著；同时模型（5）中的交乘项 Dual×SOE 的系数在 5% 的水平下显著为负。说明国有上市公司 CEO 权力对公司纵向风险承担的影响程度显著低于非国有上市公司 CEO 权力对公司纵向风险承担的影响程度。

总体来说，表 3－15 与表 3－13 的实证结果较为一致。即在不同的控制人身份下，CEO 权力对公司风险承担的影响程度存在着显著差异，该差异表现为在国有上市公司中，CEO 权力对公司风险承担的影响程度要显著地高于非国有上市公司中 CEO 权力对公司风险承担的影响程度。

（2）用 ROE 替代 ROA 重新衡量公司风险承担水平。

我国学者张瑞君和李小荣（2012）、张瑞君等（2013）在衡量公司业绩横向离散度和纵向波动性时均分别使用了公司财务业绩指标 ROA 和 ROE。出于稳健性考虑，本书也使用 ROE 重新计算公司的横、纵向风险承担水平。具体计算方法见本章 3.2.2 部分所述，这里将不再赘述。使用的回归见模型（3－7）和模型（3－8）所示[①]，回归结果如表 3－16 所示。

$$ROE_{it} = \alpha_0 + \alpha_1 Power_{it} + \alpha_2 RCF_{it} + \alpha_3 LnAsset_{it} + \alpha_4 Lev_{it} + \alpha_5 Con_{it}$$
$$+ \alpha_6 SOE_{it} + \alpha_7 LnFirmage_{it} + \alpha_8 Boardnum_{it} + \varepsilon_{it} \qquad (3-7)$$

$$RISK_{it} = \beta_0 + \beta_1 Power_{it} + \beta_2 RCF_{it} + \beta_3 LnAsset_{it} + \beta_4 Lev_{it} + \beta_5 ROE_{it}$$
$$+ \beta_6 Con_{it} + \beta_7 LnFirmage_{it} + \beta_8 Boardnum_{it}$$

---

① 需要注意的是，由于该部分稳健性检验中使用了 ROE 的横向离散度和纵向波动性衡量公司风险承担水平，因此模型（3－8）对控制变量选取稍有变化，将原模型（3－1）和模型（3－2）中的控制变量 ROA 替换为 ROE，其他控制变量未变。

$$+ \sum_{m=1}^{11} \beta_{8+m} Inddummy + \sum_{j=1}^{10} \beta_{19+j} Yeardummy + \mu_{it} \qquad (3-8)$$

表 3 – 16 　　　　CEO 权力与用 ROE 衡量的公司横、纵向风险承担的回归结果

因变量	$\lvert \varepsilon\_ROE \rvert$	$\sigma(ROE)$
自变量	模型（1）	模型（2）
C	-0.1087 *** (-7.14)	-0.0304 (-0.77)
Power	0.0005 * (1.84)	0.0010 *** (2.66)
RFC	0.0783 *** (12.76)	0.0151 *** (2.75)
LnAsset	0.0071 *** (10.43)	0.0013 (0.90)
Lev	0.0021 (0.66)	-0.0080 (-1.61)
LnFirmage	-0.0022 ** (-2.11)	0.0052 (1.42)
Boardnum	-0.0006 ** (-2.07)	-0.0012 *** (-3.08)
ROE	-0.2270 *** (-45.57)	-0.0228 *** (-5.25)
Con	0.0014 (0.39)	-0.0131 * (-1.79)
Inddummy	Yes	Yes
Yeardummy	Yes	Yes
观测值 N	6106	3913
Within – R^2	0.1944	0.1321

注：*、**、*** 分别代表回归结果在 10%、5% 和 1% 的水平上双尾显著。

　　表 3 – 16 是用 ROE 替代 ROA 重新计算公司横向和纵向风险承担水平的结果。从表 3 – 16 中可以看到，模型（1）和模型（2）中的 Power 的系数均显著为正，表明 CEO 权力越大，公司经营业绩波动的可能越大，公司横向风

险承担水平 $|\varepsilon\_ROE|$ 和纵向风险承担水平 $\sigma(ROE)$ 也就越高,再次支持了 3.1a 的假设。同时,其他控制变量的符号和显著性也与表 3 – 10 和表 3 – 11 中的基本保持一致,这里就不再赘述。

(3)对 CEO 权力与公司纵向风险承担关系的进一步检验。

本部分稳健性检验将从两个方面展开:

一方面,本章第三节中在对 CEO 权力与公司纵向风险承担进行回归时,模型中的解释变量及控制变量均选取每个观测时段内(三年)第一年年末值,为了防止这种方法可能引起的偏差,确保本书模型估计结果的有效性,在沿用 3.3.2 的方法和模型的基础上,将其中的解释变量和控制变量用各变量在每个观测时段内(三年)的平均值进行替换,具体回归结果见表 3 – 17 中的模型(1)所示。

另一方面,Facci 等(2011a)、余明桂等(2013)在使用 ROA 衡量公司盈利波动时,还使用了观测时段内 ROA 最大值与最小值之差来衡量企业盈利的波动性。沿用该种衡量方法,本部分也使用 ROA 在每个滚动区间(三年)中的最大值与最小值之差 Max(ROA) – Min(ROA)来进一步描述公司纵向业绩波动,并将其与 CEO 权力再次进行回归分析,其中解释变量和控制变量均使用各变量在每个观测时段内(三年)的平均值,具体回归结果见表 3 – 17 中的模型(2)所示。

表 3 – 17   对 CEO 权力与公司纵向风险承担关系的进一步检验

因变量	$\sigma(ROA)$	$Max(ROA) - Min(ROA)$
自变量	模型(1)	模型(2)
C	– 0.0549 (– 0.44)	– 0.0907 (– 0.40)
Power	0.0031 ** (2.04)	0.0056 ** (2.04)
RFC	0.0798 ** (2.57)	0.1420 ** (2.52)

续表

因变量	$\sigma(ROA)$	$Max（ROA）- Min（ROA）$
自变量	模型（1）	模型（2）
LnAsset	0.0051 （1.24）	0.0078 （1.05）
Lev	0.0238 （1.35）	0.0497 （1.56）
ROA	- 0.6006 *** （- 12.94）	- 1.0475 *** （- 12.45）
Con	- 0.0236 （- 0.99）	- 0.0004 （- 1.02）
LnFirmage	0.0040 （0.32）	0.0097 （0.43）
Boardnum	- 0.0037 *** （- 2.75）	- 0.0067 *** （- 2.77）
Inddummy	Yes	Yes
Yeardummy	Yes	Yes
观测值 N	3913	3913
Within - R^2	0.1849	0.1808

注：* 、** 、*** 分别代表回归结果在10%、5%和1%的水平上双尾显著。

表 3 - 17 中的模型（1）下，CEO 权力 Power 的系数显著为正，结合表 3 - 11 中的结果，我们可以认为，无论解释变量和控制变量选取各观测时段的首年年末值还是三年内的均值，CEO 权力与公司风险承担之间的显著正相关的关系都是稳定的，因此本章模型估计的结果是有效的、可靠的。模型（2）下，CEO 权力 Power 与用 Max（ROA）- Min（ROA）衡量的公司纵向风险承担之间的系数也为正。该结果表明，CEO 的高度集权更容易引起公司经营业绩极端值（极大值或极小值）的出现，使得 ROA 最大值与最小值相差较大，此时 CEO 权力与公司纵向风险承担再次表现出正相关关系。同时，模型（1）和模型（2）中其他控制变量的符号和显著性与表 3 - 10 和表 3 - 11 中的基本保持一致，这里不再赘述。

（4）剔除金融危机影响下的再次检验。

2008 年美国发生的金融危机，全世界各国经济或多或少的受到了一定的影响，我国各行业也遭受了不同程度的风险损失，这同时会反映到公司的财务数据上，进而导致 CEO 权力对公司风险承担的影响出现偏差。同时，从本章图 3－1（公司横、纵向风险承担水平逐年变化趋势图）和图 3－2（CEO 权力逐年变化趋势图）中可以看到，样本公司的公司风险承担水平和 CEO 权力在 2008 年左右波动幅度较大，说明 2008 年的金融危机确实对我国公司 CEO 权力和风险承担水平产生了一定的影响。为了防止外部冲击对本书样本及研究结论的可靠性带来的影响，在接下来的分析中，本书剔除了 2008 年金融危机时的研究样本，用 ROA 重新计算公司横向和纵向风险承担水平，进一步检验剔除外部冲击影响后，CEO 权力与公司风险承担之间是否仍存在稳定的正相关关系。使用的模型及方法见本章 3.2.2.4 部分所述，具体回归结果如表 3－18 所示。

表 3－18　　　剔除金融危机影响后的 CEO 权力与公司风险承担的回归结果

因变量	$|\varepsilon\_ROA|$	$\sigma(ROA)$
自变量	模型（1）	模型（2）
C	−0.1456 *** （−3.87）	0.0336 （0.71）
Power	0.0026 *** （3.77）	0.0015 * （1.79）
RFC	0.1284 *** （8.50）	0.0284 * （1.91）
LnAsset	0.0095 *** （5.67）	0.0022 （1.04）
Lev	0.0012 （0.15）	0.0534 *** （5.39）
LnFirmage	0.0025 （0.97）	−0.0019 （−0.60）
Boardnum	−0.0012 （−1.60）	−0.0020 *** （−2.51）

续表

因变量	$\mid \varepsilon\_ROA \mid$	$\sigma(ROA)$
自变量	模型（1）	模型（2）
ROA	-0.4300*** (-16.35)	-0.1019*** (-3.47)
Con	0.0132 (1.49)	-0.0234** (-2.15)
Inddummy	Yes	Yes
Yeardummy	Yes	Yes
观测值 N	5659	2821
Between - R^2	0.1843	0.1936

注：（1）圆括号内的数字为对标准误按公司聚类调整后得到的 t 值。

（2）*、**、*** 分别代表回归结果在 10%、5% 和 1% 的水平上双尾显著。

（3）由于剔除了 2008 年的数据，模型（1）和模型（2）观测值分别减少为 5659 个和 2821 个。

表 3-18 中，模型（1）和模型（2）中为总体样本中剔除了 2008 年数据的回归结果，其中，模型（1）以公司横向风险承担 $\mid \varepsilon\_ROA \mid$ 作为被解释变量，模型（2）以公司纵向风险承担 $\sigma(ROA)$ 作为被解释变量。模型（1）和模型（2）中的 CEO 权力 Power 与公司横向风险承担水平 $\mid \varepsilon\_ROA \mid$ 和纵向风险承担水平 $\sigma(ROA)$ 均表现出显著正相关关系。说明虽然 2008 年美国发生的金融危机使得我国各行业也遭受了不同程度的风险损失，但这并未影响 CEO 权力与公司风险承担水平之间的正相关关系。本章中 3.1a 的结论经过了该项稳健性测试，结论再次成立。

3.6 本章小结

本章以我国深交所 2011 年 12 月 31 日前上市的 A 股公司 2003～2013 年的数据为研究样本，研究发现：

（1）由于我国上市公司信息不对称、决策环境复杂、董事会"搭便车"

以及"两职合一"等问题的存在，使得管理层尤其是 CEO 拥有较大的权力，且逐年来呈现整体上升趋势。同时，用公司财务业绩指标 ROA 的横向离散度和纵向波动性衡量的公司风险承担水平也呈现出波动上升趋势。

（2）公司 CEO 权力越大，与其他高管妥协合作的可能性越小，个人极端决策也就越有可能出现，而极端决策往往容易导致公司风险承担水平的上升，即 CEO 权力与公司风险承担水平呈显著的正相关关系，此结论符合行为决策理论对管理层权力与公司风险关系的假设。

（3）考虑到二者之间的这种正向关系很可能存在内生性问题，例如过高的公司风险承担可能会使公司权力进一步向管理层尤其是 CEO 手中转移，本书应用工具变量法：在 CEO 权力与公司横向风险承担的回归模型中以 $Power_{-1}$（CEO 权力的滞后一期值）作为工具变量；在 CEO 权力与公司纵向风险承担的回归模型中以 Power 在每个观测期内的均值作为工具变量，对 CEO 权力与公司风险承担的关系再次进行了检验。检验结论显示，在工具变量法下，CEO 权力与公司风险承担之间仍表现为显著的正相关关系，本章关于二者关系的结论是稳健的。

（4）对控制变量的进一步观察，本书发现 RFC、LnAsset 也与公司风险承担水平呈现显著的正相关关系；ROA、Boardnum 与公司风险承担水平呈现显著的负相关关系。这表明，公司规模、现金水平、经营业绩、董事会治理等都会影响到公司的风险承担行为，需要在后续的研究中对其继续关注。

（5）相对非国有上市公司，国有上市公司中委托代理问题更加严重，这就使得国有上市公司的 CEO 相对于非国有上市公司的 CEO，即使在权力相当的情况下，也更容易做出冒险的决策。即国有上市公司 CEO 权力对公司风险承担的影响显著高于非国有上市公司 CEO 权力对公司风险承担的影响。

（6）为了验证所得结论的稳定性，本章在 3.5 部分中从四个方面对 CEO 权力与公司风险承担水平之间的关系进行了稳健性测试。

第一，为了规避前面合成的 CEO 权力 Power 这个综合指标造成的指标信息重复或信息强度较弱等问题，第一次稳健性检验中使用 CEO 两职合一

（Dual）替代 Power 这个综合指标，对 CEO 的权力进行了重新的刻画，研究仅用两职合一水平描述的 CEO 权力与公司横、纵向风险承担水平之间的关系，所得结论与前面所述完全一致，支持了 3.1a 中的假设；

第二，借鉴我国学者张瑞君和李小荣（2012）、张瑞君等（2013）的指标选取办法，用 ROE（净资产收益率）替代 ROA（总资产收益率）对公司横向和纵向风险承担水平重新度量，实证结果显示，CEO 权力与公司风险承担水平仍表现出显著的正相关关系，再次证明了本章 3.1a 假设成立的。同时，在用 ROE 衡量的公司风险承担水平时，国有上市公司的 CEO 权力对公司横向和纵向风险承担水平的影响均显著高于非国有上市公司中 CEO 权力对公司风险的影响，该结论也再次支持了本章第 4 节中关于 CEO 权力在不同控制人身份下对公司风险承担水平影响程度不同的结论，假设 3.2 再次成立。

第三，本章第 3 节中在对 CEO 权力与公司纵向风险承担水平回归时，回归模型中的解释变量及控制变量均选取每个观测时段内（三年）第一年年末值，为了防止这种方法可能引起的偏差影响本书模型估计结果的有效性，这部分稳健性检验从两个方面加以展开：一方面，将模型（3 - 2）中的解释变量和控制变量用各变量在每个观测时段内（三年）的平均值加以替换；另一方面，在使用各变量三年均值的基础上，借鉴 Faccio 等（2011a）、余明桂等（2013）方法，使用了公司财务业绩指标 ROE 在每个观测时段内（三年）的最大值与最小值之差来描述公司纵向业绩波动。研究结论显示，这两项稳健性检验中的 CEO 权力与公司风险承担之间仍表现出稳定且显著的正相关关系，其他控制变量的符号和显著性也基本未变。

第四，为了剔除金融危机可能导致的 CEO 权力对公司风险的影响出现的偏差，该部分稳健性检验中删除了 2008 年金融危机探底时的研究样本，重新用 ROA 计算公司横向和纵向风险承担水平，进一步检验 CEO 权力与公司风险承担水平之间的关系是否稳健，虽然这种方法造成了样本观测值的减少，但实证结论与前面研究结论仍然高度一致。

本章研究结论表明，公司 CEO 权力越高，个人决策的可能性越大，相比群体决策，个人决策越容易引起公司业绩的波动，从而带来更高的公司风险。同时，相对非国有上市公司，CEO 高度集权的公司治理结构对公司风险承担水平的这种正向影响在国有上市公司中表现得更为明显。

4 投资者保护对CEO权力与公司风险承担关系的调节效应研究

——外部治理机制对公司风险承担的影响

第 3 章的研究已发现：由于我国上市存在着公司信息不对称、决策环境复杂、董事会"搭便车"以及两职合一等问题，使得管理层尤其是 CEO 拥有较大的权力，甚至能够决定企业重大决策的制定；同时，公司 CEO 权力越大，与其他高管妥协合作的可能性越小，个人极端决策就越可能出现，而个人极端决策导致的公司风险承担水平也就越高；进一步，相比于非国有上市公司，CEO 权力与公司风险承担水平间的这种正向关系在国有上市公司中表现得更为明显。对于这种由 CEO 高度集权引发的公司过度风险承担的问题，迫切需要找到一种有效的公司内部或外部治理机制，对 CEO 权力进行有效制衡，抑制 CEO 权力的过度膨胀，从而实现降低公司风险、提高公司经营业绩的稳定性和可持续增长的能力。

如前所述，在我国，由于职业经理人市场还不够完善，上市公司的 CEO 经常来自于控股股东或者直接由董事长、副董事长兼任，使得董事会的监督功能很难发挥。尤其是在具有国有背景的上市公司中，"一股独大"和"所有者缺位"现象并存，尤其是 20 世纪 80 年代初国有企业实施放权让利改革以来，公司"内部人控制"问题愈加严重，管理层在公司决策的制定和执行方面拥有了超越董事会的绝对影响力（卢锐等，2008；王清刚和胡亚君，2011）。因此，仅仅依靠董事会、监事会等公司内部治理机制已经很难从根本上实现对 CEO 权力的制衡。

上述公司内部治理机制的缺陷使得我们不得不转而寻求一种外部治理机制，实现对 CEO 权力的有效监督，从而降低公司风险承担水平。一些学者提出，投资者保护（Madhavan & Dallas，2002）、国家体制（Aguilera et al.，2008）、债权人保护（Paligorova，2010；Acharya et al.，2011）、社会文化（Li et al.，2012）等外部治理机制都会对公司的风险产生显著的影响，其中，投资者保护最为有效（Madhavan & Dallas，2002；John et al.，2008）。Scott（2008）在宾夕法尼亚大学沃顿商学院和麻省理工大学斯隆管理学院联合召开的，以"财务风险管理：已知，未知和不可知"为题的国际会议上所发表的工作论文中指出，"公司财务风险的核心责任应该是管理层行为决策造成的，要降低这种财务风险就需要广大投资者有力的外部监督和对投资者有力的保护"。

众所周知，投资者保护一直是各国证券监管工作的核心内容，随着我国证券市场制度性建设步伐的加快，尤其是股权分置改革之后，加强对上市公司管理层行为的监管的呼声日益提高。国外关于投资者保护与公司风险承担之间的关系已有部分研究（Madhavan & Dallas，2002；John et al.，2008；Scott，2008），但由于我国与欧美等西方国家在政治、经济体制以及法律、社会和文化环境上有很大区别，这些研究结论在我国是否成立还是个未知数，且目前我国还鲜有这方面的研究。鉴于此，本章在第 3 章研究结论基础上，基于公司内外部治理框架下将进一步考察：CEO 权力对公司风险承担的影响是否会受到公司所处的外部环境，特别是外部投资者保护机制的影响？投资者保护水平的提高能否缓解 CEO 集权带来的较高的公司风险承担水平？在国有上市公司和非国有上市公司中，投资者保护对于 CEO 权力的抑制作用是否会有差异？这种差异是否会反映到公司的风险承担水平上？

目前，关于投资者保护这种外部治理机制与公司风险承担水平关系的研究还鲜有文献涉及，这也是本书的创新点之一。本章的研究对加强和完善当前我国上市公司的投资者保护工作、抑制上市公司高管对于广大中小投资者的利益侵占、防范公司风险以及提高公司成长性都具有重要的启示和现实意义。

4.1 理论分析与研究假设

投资者保护是一种重要的公司外部治理机制，由于其能够对管理者和大股东起到有效的监督作用，因此其对于提高微观企业的经营业绩有着重要意义（Madhavan，1995；Coffee，1999、2001；LLSV，2000；Madhavan & Dallas，2002）。John 等（2008）、Scott（2008）、张兵等（2009）进一步提出，投资者保护还能有效抑制管理者不以股东（或公司）利益最大化这种机会主义行为的出现，减轻代理问题并降低公司经营业绩的波动。

Coffee（1999，2001）的两篇文章均支持，来自于投资者保护水平低或法律实施机制不健全的国家的公司到美国证券交易所交叉上市可以提高对股东的保护水平，对股东有力的保护将有助于公司治理和公司价值的提高。Bloomfield 和 Wilks（2000）通过实证检验进一步发现，提高对投资者的保护程度尤其是提高公司信息披露水平，不仅能够增强股票市场的流动性，提高股票价格，特别是当投资者面临不可预知的风险时，还可以稳定投资者信心，从而稳定股价。Madhavan（1995）、Madhavan 和 Dallas（2002）同样采用实验研究的方法发现，上市公司信息披露越规范、透明度越高，投资者保护程度越高，而较高的投资者保护能够被投资者的认可，公司股票也更有价值。Patel 和 Dallas（2002）以标准普尔 500 指数的公司为样本，对投资者权利、信息披露的相关性、公司治理结构等因素与投资者保护水平的关系进行深入研究后发现，投资者保护水平越高，公司经营风险越小。Barton 和 Wymire（2004）以 1929 年在纽交所上市的 540 家公司为研究样本，发现在股市发生大崩盘之际，提供高质量财务报告的公司股价相比较于其他公司的股价更为稳定，这是因为高质量的财务报告大大增强了投资者对该公司经营能力的肯定和对股票价格的认可。我国学者张兵等（2009）的研究发现，信息透明度的提高能够显著地提升企业的经营业绩和市场价值，而这种提升的一个重要原因就在于企业经营风险的下降。

基于以上文献对于投资者保护与经营业绩及公司风险之间的相关结论，结合本章将要研究的内容，首先提出假设 4.1：

假设 4.1：在其他条件不变情况下，投资者保护机制能够提高公司信息透明度，从而对公司风险承担水平产生显著的抑制作用。

Scott（2008）的工作论文中曾指出，公司财务风险的核心责任是管理层行为决策造成的，而广大投资者有力的外部监督和对投资者有利的保护能够显著降低这种财务风险。我国学者张纯和吕伟（2009）发现企业高质量的会计信息的披露和外部投资者保护环境的提高能够使得企业的经营决策置于大众的有效监督之下，从而显著降低公司内部的信息不对称状况。此时，管理层尤其是 CEO 的决策将更加稳健、慎重，特别是无效的投融资行为将大大降低，公司的经营风险也将随着大幅度降低。权小锋和吴世农（2010）从公司治理和组织行为理论出发，认为信息获取渠道的阻滞和失衡不仅能够引发委托代理冲突，而且将会加剧企业内外信息不对称并导致信息披露质量的下降。公司信息披露质量越低，CEO 的冒险倾向和独断专行越无法得到有效的监督和抑制，此时 CEO 高度集权所引发的公司经营风险必将大大提升。通过上述分析，本章进一步提出假设 4.2：

假设 4.2：在其他条件不变的情况下，投资者保护对 CEO 高度集权引起的过度的公司风险承担具有显著的调节作用，即投资者保护程度越高，CEO 权力对公司风险承担的影响程度越低。

根据第 3 章中假设 3.2 的研究结论，国有背景的上市公司中由于存在着严重的"所有者"缺位和"内部人控制"现象，导致董事会监督职能进一步弱化，管理层尤其是 CEO 的权力进一步膨胀，代理问题更加突出。因此，相对于非国有背景的上市公司，国有上市公司的风险承担水平更高。那么，随着投资者保护水平的提高，这种外部监督机制对于国有上市公司 CEO 权力的抑制程度是否能得到进一步强化呢？诚若如此，在国有与非国有上市公司中，投资者保护程度对 CEO 权力与公司风险承担水平之间的调节效应是否也存在着不同程度的影响呢？

本章认为，国有上市公司的 CEO 由于长期缺乏外部监督而导致的高度集权及权力滥用，会因为投资者保护水平的提高得到显著抑制，这就使得相对于非国有上市公司，国有上市公司中投资者保护对 CEO 权力与公司风险承担水平之间的调节效应更加明显。就此，本章提出假设 4.3：

假设 4.3：在其他条件不变的情况下，相对于非国有上市公司，国有上市公司中投资者保护对于 CEO 集权所引起的过度的风险承担具有更加显著的调节作用。

4.2 研 究 设 计

4.2.1 样本选择与数据来源

本书选取深交所 2011 年 12 月 31 日前上市的 A 股公司为研究样本，样本期间为 2003～2013 年。根据本书研究需要对样本做如下筛选和处理：（1）考虑到金融类企业特殊的财务制度，剔除金融类企业的研究样本；（2）剔除曾经 ST 或 PT 的企业；（3）剔除研究年无 CEO 的样本观测值；（4）考虑到纵向公司风险承担的测度问题，剔除在观测时段内未达到连续三年的样本观测值；（5）考虑到不同的控制人身份可能会对公司风险承担行为产生影响，因此剔除公司实际控制人性质发生变动后的样本观测值；（6）剔除数据缺失的样本观测值。最终，我们共得到 1079 家公司，6106 条样本观测值。

本章涉及的公司治理数据和主要财务数据来自 CSMAR 数据库，投资者保护指标涉及信息披露水平数据选取深圳证券交易所网站—信息披露—监管信息公开中的上市公司"信息披露考评"结果，年报审核意见及审计机构类型来自 CSMAR 数据库及手工摘抄各公司年报，各省市地区市场化进程情况来自樊纲等《中国市场化指数——各地区市场化相对进程 2011 年报告》。本章的多元回归分析使用了 Stata12.0 统计软件，因子分析使用了 SPSS16.0 统计软件。

4.2.2 变量选取与模型设定

4.2.2.1 因变量——风险承担

沿用第 3 章中对公司风险承担水平的定义及衡量方法，再次使用公司业

绩波动性衡量公司风险承担水平，并作为本章回归分析的因变量。公司风险承担水平的衡量指标有两个：（1）公司横向风险承担水平 $|\varepsilon\_ROA|$：用各公司业绩水平 ROA 的实际值与按行业和年度预测的业绩均值求得的残差的绝对值表示；（2）公司纵向风险承担水平 $\sigma(ROA)$：用各公司每三年经年度和行业均值调整后的 ROA 的标准差表示。具体计算方法见第 3 章 3.2.2.1 部分所示。

4.2.2.2 自变量——投资者保护

（1）投资者保护指标的选取。

纵观国外现有的投资者保护指标衡量方法的相关文献（LLSV，1996、1998、2000；Pistor et al.，2000；Madhavan & Dallas，2002；Gompers et al.，2003；John et al.，2008），基本上都是在借鉴 LLSV（1996，1998，2000）所开创的研究方法的基础上，从国家间的法律规则的完善程度和这些法律规则是否得到有效执行等方面，构建不同国家的投资者保护指标，进行跨国比较研究。LLSV 的研究方法得到了学者们的普遍认同，但这种方法存在着一个严重的问题，那就是它只适合于对不同国家间的投资者保护水平及其经济后果进行对比研究，而对于有着相同的法律规则和相同的法律规则执行情况的同一国家间的投资者保护水平的衡量，这种方法就变得不再适用。尽管可以按照不同的发展阶段，研究一国在不同时期投资者保护方面的相关法律法规的变化及其所导致的公司经营绩效的差异，如我国学者沈艺峰等（2005）进行的研究，但这仍然无法对一国同一时期内不同公司在投资者利益保护方面的差异给出合理测度。不仅如此，我们认为，沈艺峰等（2005）仅仅根据我国不同时期法律法规出台的数量对投资者保护程度进行评价的方法，并不一定是合理的。据估计，我国近些年来在投资者利益保护方面出台的法律法规的数目在发展中国家排在前列，但我国对投资者利益的保护程度却仍旧是最低的国家之一（王晓梅和姜付秀，2007；姜付秀等，2008）。

本书认为，在中国这样的发展中国家，实行成文法，且证券市场管制程度较高，在证券市场发展的不同阶段，证券管理部门制定了统一的法律法规，上市公司的章程、内部治理规则和内控制度严格遵守管理部门的统一规定，不同公司在投资者保护条款或做法上非常类同。因此，对国内上市公司投资者保护程度的衡量就很难采用国内外已有文献的方法。根据我国法律制度背景、证券市场特点和上市公司现状，在已有研究的基础上（陈胜蓝和魏明海，2006；王晓梅和姜付秀，2007；罗本德，2008；姜付秀等，2008），本章兼顾了微观的公司治理层面及宏观的制度执行层面，并结合我国深圳证券交易所对其上市公司投资者保护的具体评价指标，从四个维度七个分项指标方面综合评价了样本公司的投资者保护水平（Protect）。

上述的投资者保护变量涉及的四个维度指标如下所示：

①上市公司所在地市场化程度（MGL）。

LLSV（La Porta, Lopez-de–Silanes, Shleifer & Vishny, 1996, 1998, 2000）的研究曾指出，投资者保护机制已成为现代公司非常重要且有效的外部治理机制，而一国的法律是对投资者实施有效保护的最基本要素。但是，在我国立法权高度集中于中央政府，各地区遵循国家统一的法律法规，因此无法单纯通过法律制度上的区别刻画各地区之间投资者保护程度的差异。值得注意的是，我国行政区域分为31个省、直辖市和自治区，经济和社会发展的一个突出特点就是地区间的不平衡。樊纲等编制的《中国市场化指数——各地区市场化相对进程2011年报告》中关于各地区市场化指数表明[①]：2003年度市场化程度最高的广东省，市场化指数评分为8.99分，而市场化程度最低的西藏评分只有0.79分，二者相差11倍；2009年广东省和西藏的市场化指数评分分别为10.42分和0.38分，短短6年时间，二者差距扩大到27倍。这表明地区间经济和社会发展不平衡的问题显著且长期存在。类似地，世界银行2007年编著并出版发行的《政府治理、投资环境与和谐社会：中国120个城市竞争力的提高》一书中，对中国120个城市（共12400家公司）进行了调查，发现虽然与商业有关的法律法规在全国基本相同，但是城市间政府管理效率却

[①] 　在该报告中，樊纲等从"政府与市场的关系""非国有经济的发展""产品市场发育""要素市场发育""市场中介组织发育和法律制度环境"5个方面综合计算了我国31个省、直辖市和自治区的市场化进程总指数。

存在差异显著①。可见，虽然我国各地区间遵守的法律法规是一致的，但各地区的市场化程度、政府治理和投资环境还是存在着较大差异，这将会导致各地区法律执行有效性的不同。正如 LLSV（1998）提到的，除法律法规本身外，决定一个国家或地区的投资者保护水平的重要因素还包括其执法的有效性。

综上所述，本章认为，相对于市场化程度低、政府治理环境差的地区，市场化程度越高、治理环境越好的地区，其执法有效性也就越高，相应地，投资者保护程度也就越高。因此，本章使用"上市公司所在地区的市场化程度"作为投资者保护水平的衡量指标之一。

在"上市公司所在地市场化程度（MGL）"的指标衡量上，借鉴夏立军和方轶强（2005）的方法，本章同样选取了"各地区市场化相对进程（Mar）""政府与市场的关系（Gov）""市场中介发育和法律制度环境（Law）"这三项指标数据，采用因子分析法得到一个公因子，将该公因子得分对"上市公司所在地市场化程度（MGL）"进行赋值。上述三项指标及数据来源于樊纲等编著的《中国市场化指数——各地区市场化相对进程 2011 年报告》，对于其中的缺失值进行了手工补充②。

②信息披露质量（Disclose）。

对投资者利益的保护问题是各国证券监管工作的重心，其中公开信息披露制度由于能够保障投资者对上市公司信息的知情权，为投资者提供公平的

---

① 例如：排名前 10% 的城市税费平均占销售收入的 3.1%，排名后 10% 的城市税费平均占销售收入的 6.9%；在排名前 10% 的城市，企业与主要政府机构打交道的时间平均为 36 天/年，排名后 10% 的城市相应为 87 天/年；企业在娱乐和旅行上的支出有可能成为腐败的工具，在排名前 10% 的城市，企业在这方面的支出仅占收入的 0.7%，而排名后 10% 的城市相应为 1.9%；排名前 10% 的城市进出口通关的时间合计平均为 5.4 天，排名后 10% 的城市相应为 20.4 天；在排名前 10% 的城市，接受过大专以上教育的劳动者占全部劳动力的比重超过 28.5%，而在排名后 10% 的城市该比例则不到 10.8%。

② 本书的研究样本公司的研究期间为 2003～2013 年，而樊纲等（2011）的《中国市场化指数：各地区市场化相对进程 2011 年报告》中提供的各省份市场化进程的数据区间仅为 1997～2009 年，2010～2013 年的数据无法直接取得。鉴于各地区市场化进程、政府与市场的关系、市场中介发育和法律制度环境等指标在不同年度间相对稳定，我们使用手动方法补充了缺失的数据。例如，对于各地区市场化进程指标在 2010～2013 年的缺失值，我们使用 2008 年和 2009 年这两年的平均值作为 2010 年的数值，然后再用 2009 和 2010 年的均值作为 2011 年的数值，以此类推。

投资环境而成为各国一项重要的投资者保护手段。高质量的信息披露能够提供公司状况的真实信息，降低公司内外部的信息不对称程度，从而有利于外部投资者了解和掌握公司发展状况并帮助其正确决策；低质量甚至虚假的信息披露，不仅会误导投资者的投资行为，甚至会引起股价的剧烈波动，导致广大投资者蒙受巨大损失，从而影响资本市场的健康发展。

虽然我国证监会一直致力于促进中国上市公司提高信息披露的质量，但出于各种利益动机，如契约、资本市场交易、迎合或规避管制、转移上市公司资产、管理层更换以及我国特有的保牌、再融资等动机，导致上市公司之间的信息披露质量并不一致（Healy & Palepu，2001；张程睿，2010）。更有甚者，有些公司出于各种私利动机，作出了为掩盖真相而操纵数字或者违规披露的行为（Bushman & Smith，2001；Leuz et al.，2003；Brown & Hillegeist，2007；张宗新和王晓，2009）。

深圳证券交易所从 2001 年开始，对在深交所上市的公司进行信息披露质量考评。该考评工作从及时性、准确性、完整性、合法性四方面分等级对上市公司及董事会秘书的信息披露工作进行考核，形成最终考评结果[①]。信息披露总体质量评级分为四等，由高到低分别为优秀、良好、及格、不及格。本章选取"信息披露质量"作为评价各公司投资者保护水平高低的指标之一，用虚拟变量 Disclose 表示。年度信息披露考核结果为优秀或良好的公司，Disclose 取值为 1，其他取值为 0。

③审计师事务所是否为国际四大之一（Forth）。

当外部治理环境—立法和执法较差时，公司为了吸引投资者，有进行"自我约束"的激励。Krishnan（2003）发现，被经验丰富的审计师审计的上市公司由于信息透明度的提高而得到投资者支持，收益质量显著高于其他公司。Hua Cai（2007）进一步提出，"采用严格的国际会计标准、雇佣声誉良

---

① 本部分的信息披露质量数据选取深圳证券交易所网站"信息披露"项下"监管信息公开"中的上市公司"信息披露考评结果"。

好的外部审计，是上市公司进行自我约束，保护投资者的有效方式"。我国学者权小锋等（2010）按照上市企业是否接受国际四大审计师事务所审计①，将样本进行分组检验，发现接受高质量的审计服务能够对权力型高管薪酬的操纵行为产生显著的抑制效应。

本书认为，在信息不对称的资本市场上，四大审计师事务所无论是在公信力、独立性、还是在审计程序执行性和审计报告的质量上，普遍高于内资所，相应地，审计费用也要远远高于其他审计师事务所。上市公司不惜花费重金聘请四大之一进行审计，可以看作是降低公司内部信息不对称，向投资者发送公司声誉良好的信号，是对投资者负责并进行自我约束的有力表现。因此，这里将上市公司聘请的审计事务所是否为国际"四大之一"作为评价各公司投资者保护水平的指标之一，设定 Forth 的虚拟变量，如果样本公司在年度审核中使用了四大审计师事务所中的任意一家，Forth 取 1，否则取 0。

④年报审计意见类型（Audit）。

王跃堂和陈世敏（2001）指出，上市公司年报的审计意见类型反映了一个公司年报数据的真实性及准确程度，审计意见越好，说明公司披露的数据越真实可靠，外部投资者越能从该审计意见中获得高质量的公司信息，得到的保护程度也就越高。按照现行规定，上市公司年报审计意见类型通常可分为"无保留意见""保留意见""拒绝发表意见""否定意见"四种。无保留意见又分为：标准无保留意见和带解释段的无保留意见，标准无保留意见表明公司年报的公开性最高，之后逐渐降低。

借鉴王跃堂和陈世敏（2001）、王克敏和陈井勇（2004）的方法，本章也使用上市公司年报的审计意见类型（Audit）作为评价各公司投资者保护程度的指标之一。年报审计意见类型为标准无保留时，令 Audit = 1；年报审计意见类型为其他时，令 Audit = 0。

---

① 公认的世界四大会计师事务所分别为：普华永道（PwC）、德勤（DTT）、毕马威（KPMG）和安永（EY）会计师事务所。

（2）投资者保护综合指标释义。

综合前述对投资者保护变量四个维度指标的选取及赋值，投资者保护综合指标（Protect）的具体释义见表 4 – 1 所示。

表 4 – 1　　　　　　　　　　　　投资者保护指标释义

一级指标	二级指标	三级指标	指标赋值
投资者保护（Protect）	上市公司所在地市场化程度（MGL）	各地区市场化相对进程（Mar）	三项指标数据均出自樊纲等《中国市场化指数——各地区市场化相对进程 2011 年报告》，这三项指标经因子分析后提取的公共因子得分作为 MGL 的最终得分
		政府与市场的关系（Gov）	
		市场中介组织发育和法律制度环境（Law）	
	信息披露质量（Disclose）		信息披露考核结果为优秀或良好的公司，Disclose 取 1，其他取 0
	审计师事务所是否为国际四大之一（Forth）		年度审核中使用了国际四大审计师事务所中的一家，Forth 取 1，否则取 0
	年报审计意见类型（Audit）		审计意见为标准无保留意见，Audit 取 1，其他取 0

4.2.2.3　控制变量

由于本章是在第 3 章的基础上进一步研究投资者保护的引入对公司风险承担水平的影响及作用机制，因此在控制变量的选取上将继续沿用第 3 章中的控制变量，具体如下所示：

（1）以"公司总资产自然对数"表示的公司规模（lnAsset）；

（2）以"负债总额/资产总额"表示的资产负债率（Lev）；

（3）以"经营活动产生的现金流量净额/公司总资产"表示的现金流比率（RFC）；

（4）公司总资产收益率（ROA）；

（5）以"董事会总人数"表示的董事会规模（Boardnum）；

（6）以"第一大股东持股比例"表示的股权集中度（Con）；

（7）以"公司成立天数的自然对数"表示的公司年龄（Lnfirmage）；

（8）公司实际控制人身份的虚拟变量（SOE）；

（9）11 个行业虚拟变量（Inddummy）和 10 个年份虚拟变量（Yeardummy）。

本章全部变量的具体情况及释义见表 4 - 2 所示。

表 4 - 2　　　　　　　　　　　　　　变量名称与释义

变量 类型	变量名称	符号	变量释义	符号 预判
因变量	风险承担	$|\varepsilon\_ROA|$	用财务业绩指标 ROA 衡量的公司横向风险承担水平	
		$\sigma(ROA)$	用财务业绩指标 ROA 衡量的公司纵向风险承担水平	
自变量	投资者保护	Protect	投资者保护程度的合成指标，用"公司所在地市场化程度""信息披露质量""审计师事务所类型""年报审计意见报告类型"四个指标得分加总得到	－
	CEO 权力	Power	CEO 权力的合成指标，用描述 CEO 权力维度的八个虚拟变量之和表示	＋
控制 变量	公司规模	LnAsset	用公司总资产的自然对数表示	＋
	资产负债率	Lev	负债总额/资产总额	＋
	自由现金流比率	RFC	自由现金流量/总资产	＋
	公司盈利能力	ROA	总资产收益率＝净利润/总资产余额	－
	董事会规模	Boardnum	用董事会总人数表示	－
	股权集中度	Con	用第一大股东持股比例表示	＋
	公司成立年限	LnFirmage	用公司成立天数的自然对数表示	＋
	实际控制人身份	SOE	虚拟变量，当上市公司的实际控制人为政府、国资委或国有企业时，SOE 取 1；当上市公司的实际控制人为自然人或其他时，SOE 取 0	＋
	行业虚拟变量	Inddummy	本书样本共涉及 12 个行业，为避免共线性，设置了 11 个行业虚拟变量	
	年份虚拟变量	Yeardummy	本书研究期为 11 年，为避免共线性，设置了 10 个年份虚拟变量	

4.2.2.4 模型设定

为了检验投资者保护这种外部治理机制能否有效抑制公司业绩的剧烈波动，降低公司的风险承担水平，本节在第 3 章回归方程（3-2）的基础上，引入投资者保护变量 Protect，设定回归方程（4-1）。同时，为了进一步研究投资者保护对公司风险承担水平的抑制效应是否通过遏制 CEO 权力的途径来实现的，在模型（4-1）的基础上又引入了 CEO 权力与投资者保护变量的交乘项 Power × Protcet，设定回归方程（4-2）。具体回归方程如下所示：

$$RISK_{it} = \alpha_0 + \alpha_1 Power_{it} + \alpha_2 Protect_{it} + \alpha_3 RFC_{it} + \alpha_4 LnAsset_{it} + \alpha_5 Lev_{it}$$
$$+ \alpha_6 ROA_{it} + \alpha_7 Con_{it} + \alpha_8 LnFirmage_{it} + \alpha_9 Boardnum_{it}$$
$$+ \sum_{m=1}^{11} \alpha_{9+m} Inddummy + \sum_{j=1}^{10} \alpha_{20+j} Yeardummy + \varepsilon_{it} \qquad (4-1)$$

$$RISK_{it} = \beta_0 + \beta_1 Power_{it} + \beta_2 Protect_{it} + \beta_3 Power_{it} \times Protect_{it} + \beta_4 RFC_{it}$$
$$+ \beta_5 LnAsset_{it} + \beta_6 Lev_{it} + \beta_7 ROA_{it} + \beta_8 Con_{it} + \beta_9 LnFirmage_{it}$$
$$+ \beta_{10} Boardnum_{it} + \sum_{m=1}^{11} \beta_{10+m} Inddummy + \sum_{j=1}^{10} \beta_{21+j} Yeardummy + \delta_{it}$$

$$(4-2)$$

两个模型中的 RISK 代表公司风险承担水平，分别用 $|\varepsilon\_ROA|$ 和 $\sigma(ROA)$ 表示，其他变量释义见表 4-2 所示。如果假设 4.1 成立，模型（4-1）中 α_2 将显著为负，即投资者保护水平越高，公司信息透明度越高，信息不对称导致的公司经营风险将会大大降低；如果假设 4.2 成立，模型（4-2）中交互项 Power × Protcet 的系数 β_3 也将显著为负，即较高的投资者保护能够使得公司的经营决策置于大众的有效监督之下，管理层尤其是 CEO 的决策将更加稳健，个人极端决策引起的较高的风险承担水平将得到有效抑制。其他变量符号预期见表 4-2 所示，此处不再赘述。

进一步，为了检验在国有和非国有上市公司中，投资者保护对 CEO 权力与公司风险承担之间关系的调节作用是否存在差异，本书在回归方程（3-4）的基础上引入 CEO 权力、上市公司控制人身份与投资者保护三者的交乘项 Power × SOE × Protcet，设定回归方程（4 – 3）。

$$RISK_{it} = \eta_0 + \eta_1 Power_{it} + \eta_2 Power_{it} \times SOE_{it} + \eta_3 Power_{it} \times SOE_{it} \times Protect_{it}$$
$$+ \eta_4 RFC_{it} + \eta_5 LnAsset_{it} + \eta_6 Lev_{it} + \eta_7 ROA_{it} + \eta_8 Con_{it}$$
$$+ \eta_9 LnFirmage_{it} + \eta_{10} Boardnum_{it} + \sum_{m=1}^{11} \eta_{10+m} Inddummy$$
$$+ \sum_{j=1}^{10} \eta_{21+j} Yeardummy + \zeta_{it} \qquad\qquad (4-3)$$

在模型（4 – 3）中，若交乘项 Power × SOE × Protcet 的系数 η_3 显著为正，则说明在国有上市公司中，投资者保护对 CEO 权力引起的公司风险承担具有更高的调节作用，假设 4.3 成立；反之，则不成立。

4.2.3 投资者保护指标的衡量

本章所使用的投资者保护是由 4 个二级指标"公司所在地市场化程度（MGL）""信息披露质量（Disclose）""审计师事务所是否为国际四大之一（Forth）""年报审计意见报告类型（Audit）"的得分加总而得到的。其中，MGL 又包含了三个三级指标—"上市公司所在地的市场化程度（Mar）""政府与市场的关系（Gov）""市场中介组织发育和法律制度环境（Law）"。也就是说，投资者保护综合指标的计算过程涉及 7 个维度指标。从表 4 – 3 的描述性统计可以看出，Mar、Gov 和 Law 为连续型变量，每个变量的取值离散度均较大，且每个变量的均值都接近于 9。如果将这 3 个变量与另外三个虚拟变量 Disclose、Forth 和 Audit（取值均为 0 或 1）直接简单相加，将会严重弱化这三个虚拟变量的作用，使得投资者保护综合指标的得分出现偏误，需要将 Mar、Gov 和 Law 这三个指标进行某种处理后才能进一步计算投资者保护综合得分。因此，本书首先使用因子分析法提取出能高度综合这三个变量信息的公因子，将该公因子命名为"公司所在地市场化程度（MGL）"，这里的 MGL 为一个标准化变量；然后再将 MGL 与另外三个二级指标 Disclose、Forth 和 Audit 相加，最终得到本章中所要使用的投资者保护变量—Protect。具体计算过程如图 4 - 1 所示。

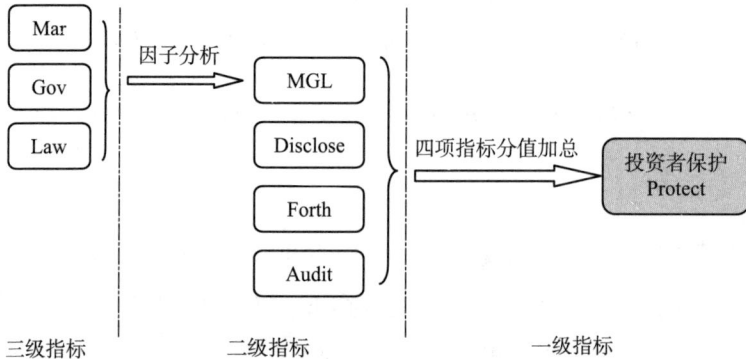

图 4 - 1　投资者保护变量计算过程示意

接下来的部分，将对 Mar、Gov 和 Law 这三个变量的因子分析过程及投资者保护综合指标的最终取得过程加以说明。

（1）Mar、Gov 和 Law 变量的因子分析。

①Mar、Gov 和 Law 变量的描述性统计。

表 4 - 3 报告了"各地区市场化指数 Mar"、"政府与市场的关系 Gov"和"市场中介组织发育和法律制度环境 Law"的描述性统计结果。从表中可以看到，Mar、Gov 和 Law 三个变量的最大值分别为 11. 80、10. 65 和 19. 89，分别出现在浙江省、广东省和上海市，最小值分别为 0. 38、- 4. 66 和 0. 18，均出现在西藏自治区。该结果表明，当前我国各地区间的市场化程度、政府治理和法律制度环境确实存在较大差异的，这些差异终将导致各地执法有效性的不同。因此，用各地区市场化指数、政府与市场的关系、市场中介组织发育和法律制度环境三项指标刻画各地区公司间投资者保护水平的差异不仅理论上可行的，而且也具有实践意义。

②Mar、Gov 和 Law 变量的相关性检验。

在进行因子分析之前，需要对 Mar、Gov 和 Law 这三个变量的相关程度进行检验，以确定能否进行因子分析。通常使用的检验方法有 KMO（Kaiser - Meyer - Olkin）检验和巴特利特球形检验（Bartlett Test of Sphericity）。

表 4 – 3   Mar、Gov 和 Law 变量的描述性统计

变量	观测值	均值	最小值	最大值	25% 分位数	中值	75% 分位数	标准差
Mar	6106	8. 9978	0. 3800	11. 8000	7. 4900	9. 3100	10. 4200	1. 9575
Gov	6106	9. 0338	- 4. 6600	10. 6500	8. 6419	9. 3563	9. 7175	1. 2918
Law	6106	10. 5360	0. 1800	19. 8900	5. 9600	8. 4300	13. 9900	4. 9412

在 KMO 检验中，KMO 统计量用于比较变量间简单相关系数和偏相关系数的关系，取值范围在 0 和 1 之间[①]。KMO 统计量的值越接近于 1，说明所有变量之间的简单相关系数的平方和远大于偏相关系数的平方和，越适合做因子分析；反之 KMO 越小，越不适合于做因子分析。巴特利特球形检验的统计量是根据各变量间的相关系数矩阵的行列式得到的。如果该值较大，且其相伴概率 P 值小于设定的显著性水平，则应拒绝原假设，认为相关系数矩阵不可能是单位阵，即原始变量之间存在相关性，适合做因子分析；反之则认为原始变量之间的系数矩阵可能是单位阵，不适合做因子分析。本书运用软件 SPSS16. 0 对 Mar、Gov 和 Law 三个变量之间的相关程度分别进行了 KMO 检验和 Bartlett 球形检验，检验结果如表 4 – 4 所示。

表 4 – 4   KMO 和 Bartlett 检验

取样足够的 Kaiser – Meyer – Olkin 统计量		0. 515
Bartlett 球形检验	近似卡方	19230
	df	3
	Sig.	. 000

---

① KMO 统计量用于比较变量间简单相关系数和偏相关系数的关系，计算公式为：$KMO = \dfrac{\sum\sum\limits_{i\neq j} r_{ij}^2}{\sum\sum\limits_{i\neq j} r_{ij}^2 + \sum\sum\limits_{i\neq j} p_{ij}^2}$

其中，r_{ij} 是变量 i 和变量 j 之间的简单相关系数，p_{ij} 是变量 i 和变量 j 之间的偏相关系数，KMO 的取值范围在 0 和 1 之间，KMO 越趋近于 1 越适合做因子分析。

表 4 – 4 中的检验结果显示，KMO 统计量为 0.515，根据 Gorsuch (1983)[①]、樊行健等（2009）、宋鹏和黄倩（2012）的研究，KMO 统计量大于 0.5 时，认为适合做因子分析。同时，Bartlett 检验的伴随概率 P 值等于 0.000，远远小于设定的显著性水平，说明原始变量之间存在较高的相关性，适合进行因子分析。因此我们认为，KMO 统计量和巴特利特球形检验的统计结果均表明，本节中的 3 个变量间具有较强的相关性，适合做因子分析。

③求解特征值与贡献率。

本部分计算了 Mar、Gov 和 Law 这三个变量的公共因子的特征值和贡献率，具体情况如表 4 – 5 所示。需要说明的是，为了保证分析结果的科学性和可靠性，在进行该步骤之前，需要对样本数据进行均值化处理。样本数据的标准化处理过程在求取特征值和贡献率的过程中，已由 SPSS16.0 软件自动完成，这里就不再重复处理。

表 4 – 5　　　　　　　　　　各因子的特征值与方差贡献率

初始解	初始特征值			提取的公共因子的方差贡献率		
	特征值	方差贡献率（%）	累积方差贡献率（%）	特征值	方差贡献率（%）	累积方差贡献率（%）
1	2.549	84.971	84.971	2.549	84.971	84.971
2	0.410	13.662	98.633			
3	0.041	1.367	100.000			

注：因子分析法中，为了保证每个因子上具有的最高载荷的变量数目最小，需要对因子进行旋转。而本书中只得到一个公共因子，因此无须再对该因子进行正交旋转。

从表 4 – 5 中可以看到，第一公因子的特征值为 2.549，累计贡献率为 84.971%。按照特征值大于 1 的原则，软件自动提取了第一个公因子，且该因子能够解释原变量 84.971% 的信息。

---

① 根据 Gorsuch（1983）的观点，因子分析要求样本量与变量数的比例应在 5∶1 以上，总样本量不得少于 100，KMO 统计值不低于 0.5 即可。

④计算公共因子得分。

表 4 – 6 是根据回归算法计算出来的公共因子得分矩阵①，根据这个矩阵可以算出该公因子 F1 的得分。具体计算公式如下所示：

$$F1 = 0.386 \times Mar + 0.339 \times Gov + 0.357 \times Law \qquad (4-4)$$

SPSS 将根据公式（4 – 4）自动计算 6106 个样本观测值的公共因子 F1 的得分，该得分即为"公司所在地市场化程度 MGL"指标的得分。限于篇幅，得分结果不在此加以汇报。

表 4 – 6 因子得分系数矩阵

变量	公因子 F1
Mar	0.386
Gov	0.339
Law	0.357

（2）投资者保护四个维度指标的描述性统计。

在得到 MGL 指标的基础上，接下来对合成投资者保护综合指标 Protect 的四个二级指标 MGL、Disclose、Forth 和 Audit 进行描述性统计，具体情况见表 4 – 7 所示。

表 4 – 7 MGL、Disclose、Forth 和 Audit 的描述性统计

变量	观测值	均值	最小值	最大值	25%分位数	中值	75%分位数	标准差
MGL	6106	0.0004②	– 5.9533	1.3053	– 0.6261	0.0047	0.6185	1.0002
Disclose	6106	0.8560	0	1	1	1	1	0.3511
Forth	6106	0.0401	0	1	0	0	0	0.1963
Audit	6106	0.9862	0	1	1	1	1	0.1165

从表 4 – 7 中我们可以清楚地看到：

① 公共因子得分矩阵表示各项指标变量与提取的公因子之间的关系，在某一公因子上得分越高，表明该指标与该公因子之间关系越密切。
② 此时的 MGL 变量是一个经标准化处理后的数值，因此均值接近于 0。

①经因子分析后得到的 MGL 变量的最小值为 - 5.9533，最大值为 1.3053，均值为 0.0004，取值离散度已大大降低，能够与 Disclose、Forth 和 Audit 这三个虚拟变量进行简单的加总处理。

②描述样本公司信息披露质量的虚拟变量 Disclose 的均值为 0.8560，说明中国上市公司信息披露质量较高。高质量的信息披露有利于提高公司透明度，从而实现对投资者的有力保护。

③描述审计师事务所是否为国际四大之一的虚拟变量 Forth 的均值表明，我国上市公司在审计师事务所的选择上仍倾向于内资所，仅有 4% 的样本公司在年度会计报表的审计上选择了国际四大之一。

④描述年报审计意见类型的虚拟变量 Audit 的均值为 0.9862，说明样本上市公司的年报基本上都得到了较好的审计意见。单从该指标均值大小上看，上市公司对投资者提供了较为全面和准确的公司信息，但实际上，就整体而言，我国上市公司和证券市场对投资者的保护水平仍然较差，Audit 等于 1 或 0 刻画的只是投资者保护程度相对意义上的差别。

（3）投资者保护综合指标的取得及描述性统计

在上述工作的基础之上，我们将各公司各观测年度对应的 MGL、Disclose、Forth 和 Audit 四个二级指标加总，最终得到 1079 家公司 6106 条投资者保护水平观测值。表 4 - 8 为样本公司投资者保护综合指标分年度及总体的描述性统计结果，图 4 - 2 为根据表 4 - 8 中数据画出的公司投资者保护水平逐年变化趋势。

表 4 - 8 投资者保护的年度及总体描述性统计

年份	观测值	均值	最小值	最大值	25% 分位数	中值	75% 分位数	标准差
2003	173	0.5929	- 3.8195	2.6940	0.0961	0.5343	1.4094	1.0400
2004	215	1.0240	- 2.5694	3.0634	0.4825	0.9754	1.8439	0.9119
2005	262	1.4490	- 2.3588	3.6119	0.7582	1.3507	2.4316	1.0163
2006	311	1.5620	- 2.0280	3.7495	0.7705	1.5137	2.6546	1.0818
2007	378	1.7241	- 1.4515	3.9367	1.0047	1.7218	2.9194	1.0746

续表

年份	观测值	均值	最小值	最大值	25% 分位数	中值	75% 分位数	标准差
2008	447	1.7423	-4.2592	3.9680	1.2539	1.7460	2.4988	1.0188
2009	504	1.8863	-4.9533	4.3053	1.0923	1.8047	2.6185	1.1803
2010	798	2.0127	-4.9533	4.2987	1.3739	2.1616	2.6185	1.1041
2011	1035	2.0944	-4.9533	4.3053	1.3806	2.3053	3.1616	1.0635
2012	1023	2.0854	-4.9533	4.3053	1.3844	2.3053	2.6185	1.0614
2013	960	2.1041	-3.9533	4.3053	1.3806	2.4996	3.1616	1.0554
总体	6106	1.8828	-4.9533	4.3053	1.1721	1.8047	2.6185	1.1195

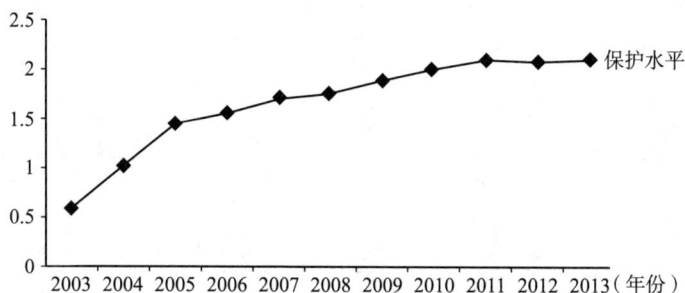

图 4-2 投资者保护水平逐年变化趋势

表 4-8 为投资者保护综合指标的分年度及总体描述性统计结果。从总体水平上看，投资者保护水平的最大值为 4.3053，最小值为 -4.9533，均值为 1.8828，说明我国上市公司间的投资者保护水平确实存在着一定差距。同时，对投资者保护变量在 2003~2013 年间各年度最大值与最小值的比较中，也能发现相似结论。这表明，即使在我国这样一个上市公司的章程、内部治理规则和内控制度严格遵守管理部门的统一规定的国家，从法律执行的有效性、信息披露质量的高低等综合角度出发，仍然能够对我国同一时期内不同公司在投资者利益保护方面的差异给出合理测度。

进一步，从图 4-2 中投资保护水平逐年变化趋势图可见，样本公司投资者保护水平呈现逐年稳定上升趋势。究其原因，随着我国市场化进程的提高、执法有效性的加强，特别是证券市场制度性建设步伐加快等宏观环境的不断改善，促使微观企业开始逐步增强提高自身信息披露质量、提高公司透明度、保护投资者的知情权的意识，这种宏微观层面的有益互动对于投资者保护水平的提高发挥了重大作用。

4.2.4　变量描述与相关性检验

表4-9为本章涉及全部变量的描述性统计结果。

表4-9　　　　　　　　　　　　全部变量的描述性统计

变量	N	均值	最小值	25% 分位数	中值	75% 分位数	最大值	标准差
$\sigma(ROA)$	3913	0.0420	0.0003	0.0131	0.0244	0.0478	1.4306	0.0661
$|\varepsilon\_ROA|$	6106	0.0682	0	0.0231	0.0501	0.0900	2.4728	0.0812
Power	6106	4.1387	0	3	4	5	8	1.7053
Protect	6106	1.8828	-4.9533	1.1721	1.8047	2.6185	4.3053	1.1195
RFC	6106	0.0454	-0.3935	0.0056	0.0455	0.0888	0.4300	0.0773
LnAsset	6106	21.5012	19.0208	20.7750	21.3358	22.0368	26.8954	1.0296
Lev	6106	0.3860	0.0071	0.2131	0.3822	0.5510	0.9444	0.2065
ROA	6106	0.0498	-0.5069	0.0221	0.0459	0.0717	0.3897	0.0495
ROE	6106	0.0788	-2.3633	0.0415	0.0749	0.1161	0.7505	0.0942
Con	6106	0.3639	0.0362	0.2432	0.3516	0.4695	0.8649	1.4819
LnFirmage	6106	8.1959	5.9081	7.8973	8.2919	8.5723	9.4259	0.5274
Boardmum	6106	8.9931	3	8	9	9	18	1.8439
SOE	6106	0.3736	0	0	0	1	1	0.4838

通过对表4-9中各变量的观察可以发现，很多变量的最大值与最小值存在较大差异，样本数据可能存在异常值，为了避免这些异常值对回归结果的影响，本章在进行具体回归时，对所有连续变量在1%和99%的水平上进行了缩尾处理（Winsorize）。同时，为了检验各变量之间是否因存在多重共线性而影响回归结果的一致性与无偏性，本部分还使用 Pearson 相关性分析检验了各变量间的相关系数，具体结果见表4-10中的 Panel A 和 Panel B 所示。

表 4-10

主要变量间的 Pearson 相关系数检验

Panel A：横向风险承担下各变量间的相关系数检验

	$|\varepsilon\_ROA|$	Power	Protect	RFC	LnAsset	Lev	ROA	Con	LnFirmage	Boardnum
$|\varepsilon\_ROA|$	1.0000									
Power	0.0164 (0.1987)	1.0000								
Protect	-0.0488*** (0.0001)	0.1015*** (0.0000)	1.0000							
RFC	0.0650*** (0.0000)	-0.0629*** (0.0000)	-0.0359*** (0.0050)	1.0000						
LnAsset	0.1256*** (0.0000)	-0.1323*** (0.0000)	0.0181 (0.1579)	0.0425*** (0.0009)	1.0000					
Lev	0.1425*** (0.0000)	-0.1708*** (0.0000)	0.1256*** (0.0000)	-0.0583*** (0.0000)	0.5415*** (0.0000)	1.0000				
ROA	-0.1508*** (0.0000)	0.0194 (0.1292)	0.1330*** (0.0000)	0.3325*** (0.0000)	-0.0138 (0.2799)	-0.3631*** (0.0000)	1.0000			
Con	0.0087 (0.4963)	-0.0713*** (0.0000)	0.0250* (0.0509)	0.0538*** (0.0000)	0.1249*** (0.0000)	0.0184 (0.1504)	0.0700*** (0.0000)	1.0000		
LnFirmage	0.0652*** (0.0000)	-0.1573*** (0.0000)	-0.0748*** (0.0000)	0.0722*** (0.0000)	0.2807*** (0.0000)	0.2750*** (0.0000)	-0.1205*** (0.0000)	-0.1770*** (0.0000)	1.0000	
Boardnum	0.0258** (0.0438)	-0.0187 (0.1449)	-0.0857*** (0.0000)	0.0848*** (0.0000)	0.2936*** (0.0000)	0.1914*** (0.0000)	-0.0155 (0.2259)	-0.0312** (0.0148)	0.0572*** (0.0000)	1.0000

注：括号内为相关系数检验的 P 值。

续表

Panel B：纵向风险承担下各变量间的相关系数检验

	α(ROA)	Power	Protect	RFC	LnAsset	Lev	ROA	Con	LnFirmage	Boardnum
σ(ROA)	1.0000									
Power	-0.0020 (0.9013)	1.0000								
Protect	-0.0807*** (0.0000)	0.1028*** (0.0000)	1.0000							
RFC	-0.0041 (0.7977)	-0.0802*** (0.0000)	-0.0788*** (0.0000)	1.0000						
LnAsset	0.0672*** (0.0000)	-0.1317*** (0.0000)	0.0189 (0.2370)	0.0409** (0.0104)	1.0000					
Lev	0.2045*** (0.0000)	-0.1718*** (0.0000)	-0.1357*** (0.0000)	-0.0340** (0.0337)	0.5173*** (0.0000)	1.0000				
ROA	-0.1891*** (0.0000)	0.0240 (0.1331)	0.1555*** (0.0000)	0.3197*** (0.0000)	-0.0105 (0.5117)	-0.3879*** (0.0000)	1.0000			
Con	-0.0487*** (0.0023)	-0.0521*** (0.0011)	0.0076 (0.6356)	0.0574*** (0.0003)	0.1389*** (0.0000)	0.0085 (0.5950)	0.0681*** (0.0000)	1.0000		
LnFirmage	0.0606*** (0.0001)	-0.1725*** (0.0000)	-0.0946*** (0.0000)	0.0682*** (0.0000)	0.2896*** (0.0000)	0.3082*** (0.0000)	-0.1430*** (0.0000)	-0.2018*** (0.0000)	1.0000	
Boardnum	0.0126 (0.4315)	-0.0311* (0.0514)	-0.0815*** (0.0000)	0.0958*** (0.0000)	0.3049*** (0.0000)	0.1860*** (0.0000)	-0.0051 (0.7507)	-0.0257* (0.1074)	0.0585*** (0.0003)	1.0000

注：括号内为相关系数检验的 P 值。

从表 4 - 10 中 Panel A 和 Panel B 的相关系数的大小来看,除总资产(LnAsset)与资产负债率(Lev)之间的相关系数大于 0.5(Panel A 中为 0.5415,Panel B 中为 0.5173)且较为显著外,其余变量之间的相关系数都较小,可以初步认为各变量间不存在多重共线性。但是从相关系数的显著性来看,P 值绝大部分都在 1% 以下,拒绝了两个变量间不存在相关性的原假设,这就使得单纯从相关系数的大小上无法得出变量间相关度高低的结论。为了解决这个问题,本节又计算了各变量的方差膨胀系数,见表 4 - 11。

表 4 - 11 各变量方差膨胀系数表

Variable	VIF	1/VIF
Power	1.07	0.9385
Protect	1.06	0.9454
RFC	1.16	0.8615
LnAsset	1.69	0.5912
Lev	1.79	0.5585
ROA	1.39	0.7206
Con	1.09	0.9178
LnFirmage	1.21	0.8273
Boardnum	1.12	0.8903
Mean VIF	1.29	

表 4 - 11 中,各变量的单独 VIF 值和所有变量的 VIF 均值均显著小于 10,可以认为本章所使用的变量间不存在多重共线性问题,避免了模型系数估计失真或估计不准等问题的出现。

4.3 实 证 结 果

4.3.1 投资者保护与公司风险承担的多元回归分析

表 4 - 12 为投资者保护与公司风险承担水平之间的多元回归分析结果。

其中，模型（1）和模型（2）中的被解释变量使用的是公司横向风险承担水平 $|\varepsilon\_ROA|$；模型（3）和模型（4）中的被解释变量使用的是公司纵向风险承担水平 $\sigma(ROA)$。本章对所有回归方程进行了豪斯曼检验（Hausman Test），检验的 P 值均在于 0.00 以下，说明固定效应模型要优于随机效应模型，因此，本章将采用固定效应模型对所有模型进行估计。为了保证回归结果的稳健性，本部分还同时采用了最小二乘法进行估计。考虑到可能存在的异方差与自相关问题，按照第 3 章中的修正方法，本章仍然使用聚类稳健标准误（Cluster）对回归结果进一步修正。具体的回归结果如表 4-12 所示。

表 4-12　　　　　　　　　　投资者保护与公司风险承担的回归结果

因变量	$|\varepsilon\_ROA|$		$\sigma(ROA)$	
自变量	模型（1） FE	模型（2） OLS	模型（3） FE	模型（4） OLS
C	0.0209 (0.20)	-0.152*** (-4.98)	-0.1947* (-1.85)	0.0529* (1.77)
Power	0.0021** (2.01)	0.0024*** (3.90)	0.0030*** (2.86)	0.0012* (1.84)
Protect	-0.0124*** (-4.60)	-0.0013 (-1.29)	-0.0050** (-2.13)	-0.0018* (-1.86)
RFC	0.0962*** (5.86)	0.1377*** (9.33)	0.0149 (1.00)	0.0467*** (3.24)
LnAsset	0.0015 (0.40)	0.0097*** (7.17)	0.0097*** (2.60)	0.0001 (0.07)
Lev	0.03416** (2.41)	0.0070 (0.98)	0.0105 (0.76)	0.0540*** (7.41)
ROA	-0.5216*** (-17.24)	-0.3051*** (-12.39)	-0.1739*** (-6.04)	-0.1973*** (-7.67)
Con	0.0001 (0.60)	0.0000 (0.41)	-0.0003* (-1.72)	-0.0002*** (-2.74)
LnFirmage	0.0035 (0.38)	0.0020 (0.93)	0.0093 (0.94)	-0.0015 (-0.70)

续表

因变量	$\mid \varepsilon\_ROA \mid$		$\sigma(ROA)$	
自变量	模型（1） FE	模型（2） OLS	模型（3） FE	模型（4） OLS
Boardnum	− 0. 0014 （− 1. 24）	− 0. 0010* （− 1. 68）	− 0. 0031*** （− 3. 03）	− 0. 0010* （− 1. 71）
Inddummy	Yes	Yes	Yes	Yes
Yeardummy	Yes	Yes	Yes	Yes
观测值 N	6106	6106	3913	3913
Within − R^2 / Adjust − R^2	0. 1829	0. 1610	0. 1357	0. 1697

注：模型（1）和模型（3）对应的是 Within − R^2，模型（2）和模型（4）对应的是 Adjust − R^2。

表 4 − 12 的回归结果显示，无论是从公司横向风险承担水平还是从公司纵向风险承担水平来看，四个模型中的投资者保护 Protect 的系数均为负（且其中三个系数通过了显著性检验），说明投资者保护水平的提高，能够提高公司信息透明度，显著改善公司经营业绩偏离正常水平的问题，从而降低公司风险承担水平，假设 4.1 的结论得证。同时，我们还可以看到，四个模型中 CEO 权力 Power 的系数仍然显著为正，再次验证了假设 3.1a 的结论。

对四个模型中各控制变量的系数进行观察，可以发现，各控制变量的系数符号及显著性与表 3 − 10 和表 3 − 11 的实证结果基本一致，也就是说投资者保护变量的引入并未改变模型中其他控制变量与公司风险承担水平之间的关系，第 3 章中的结论是稳健的。

4.3.2　投资者保护对 CEO 权力与公司风险承担关系的调节效应

本章假设 4.2 提出，在其他条件不变的情况下，投资者保护对 CEO 权力高度集权给公司带来的高风险具有显著的调节作用。本节将使用回归方程（4 − 2）对此假设进行检验。具体实证结果见表 4 − 13。其中，模型（1）和模型（2）中的公司风险使用的是横向风险承担水平 $\mid \varepsilon\_ROA \mid$，模型（3）和模型（4）中的公司风险使用的是纵向风险承担水平 $\sigma(ROA)$；模型（1）和模型（3）应用的是面板数据的固定效应模型，模型（2）和模型（4）应用的是混合数据的普通最小二乘法。

表 4–13　　投资者保护对 CEO 权力与公司风险承担关系的调节效应

因变量	$|\varepsilon\_ROA|$		$\sigma(ROA)$	
自变量	模型（1） FE	模型（2） OLS	模型（3） FE	模型（4） OLS
C	0.0022 (0.02)	− 0.1621 *** (− 3.18)	− 0.1964 * (− 1.87)	0.0522 * (1.74)
Power	0.0077 *** (3.42)	0.0056 *** (3.01)	0.0035 ** (2.19)	0.0014 (1.12)
Protect	− 0.0008 (− 0.16)	− 0.0051 (− 1.38)	− 0.0039 (− 1.09)	− 0.0014 (− 0.57)
Power * Protect	− 0.0030 *** (− 3.51)	− 0.0016 ** (− 2.24)	− 0.0003 (− 0.40)	− 0.0001 (− 0.20)
RFC	0.0964 *** (3.36)	0.1390 *** (4.18)	0.0149 (1.01)	0.0468 *** (3.24)
LnAsset	0.0017 (0.29)	0.0099 *** (4.02)	0.0097 *** (2.61)	0.0001 (0.06)
Lev	0.0316 * (1.67)	0.0071 (0.56)	0.0102 (0.74)	0.0540 *** (7.41)
ROA	− 0.5195 *** (− 2.70)	− 0.3038 ** (− 2.10)	− 0.1737 *** (− 6.03)	− 0.1973 *** (− 7.66)
Con	0.0001 (0.29)	0.0000 (0.26)	− 0.0003 * (− 1.71)	− 0.0002 *** (− 2.74)
LnFirmage	0.0025 (0.24)	0.0021 (0.76)	0.0091 (0.93)	− 0.0015 (− 0.70)
Boardnum	− 0.0014 (− 0.88)	− 0.0010 (− 1.10)	− 0.0031 *** (− 3.03)	− 0.0010 * (− 1.71)
Inddummy	Yes	Yes	Yes	Yes
Yeardummy	Yes	Yes	Yes	Yes
观测值 N	6106	6106	3913	3913
Within – R^2/ Adjust – R^2	0.1856	0.1669	0.1357	0.1695

注：模型（1）和模型（3）对应的是 Within – R^2，模型（2）和模型（4）对应的是 Adjust – R^2。

将表 4 - 13 与表 4 - 12 的回归结果相对比，我们可以发现：

（1）与表 4 - 12 的回归结果一致，表 4 - 13 的四个模型中，Power 的系数仍为正，且基本显著，再次说明 CEO 权力越大，公司风险承担水平越高，而且这种关系不受其他变量的影响，具有较强的稳定性；

（2）表 4 - 12 中的四个模型中，Protect 的系数显著为负，而在表 4 - 13 中，Protect 的系数虽然也仍为负，但无一通过显著性检验。究其原因，在于表 4 - 13 中多了一个 CEO 权力与投资者保护的交乘项 Power × Protect，该交乘项的引入对投资者保护与公司风险承担水平之间的显著关系产生了一定的影响；

（3）交乘项 Power × Protect 的系数在表 4 - 13 的四个模型中均为负，且在模型（1）和模型（2）中具有较高的显著性。也就是说，该交乘项的引入弱化了投资者保护变量对公司风险承担水平的负向影响。该结果可以进一步理解为，投资者保护可以负向调节公司风险承担水平，但这种调节作用最主要的还是通过抑制 CEO 权力过度膨胀，避免 CEO 盲目决策和败德的行为发生等途径来发挥的。

综合表 4 - 12 和表 4 - 13 的回归分析结果，我们认为，投资者保护的一个重要作用就是能够提高公司信息透明度，降低公司的经营风险，同时，投资者保护还能对 CEO 权力进行有效制约，避免 CEO 权力过度膨胀给公司带来的高风险。相比前者，投资者保护通过抑制 CEO 权力而对公司风险承担水平间接发挥的负向调节作用更明显。总地来说，投资者保护程度越高，对 CEO 权力抑制作用越大，CEO 权力对公司风险承担水平的正向影响程度也就越低。

表 4 - 13 中各控制变量与表 4 - 12 中的控制变量在系数符号和显著性上基本一致，这里也将不再赘述。

4.3.3　不同控制人身份下投资者保护对 CEO 权力与公司风险承担关系的调节效应

本部分将研究在不同的控制人身份下，投资者保护对 CEO 权力与公司风险承担水平的关系是否存在不同的调节作用。使用的回归方程（4-3），具体回归结果见表4-14所示。其中，模型（1）和模型（2）为投资者保护对CEO权力与公司横向风险承担水平之间关系的调节效应回归结果，相应地，模型（3）和模型（4）为投资者保护对CEO权力与公司纵向风险承担水平之间关系的调节效应回归结果，模型（1）和模型（3）使用的是面板数据的固定效应模型，模型（2）和模型（4）使用的混合数据的最小二乘法。

表 4 - 14　　　　　　国有和非国有公司中投资者保护对 CEO 权力与

公司风险承担关系的调节效应比较

因变量	$|\varepsilon\_ROA|$		$\sigma(ROA)$	
自变量	模型（1）FE	模型（2）OLS	模型（3）FE	模型（4）OLS
C	0.0195 (0.19)	-0.1731 *** (-5.45)	-0.2158 * (-1.90)	0.0267 (0.86)
Power	0.0005 (0.42)	0.0025 *** (4.02)	0.0045 *** (3.13)	0.0014 ** (2.22)
Power × SOE	0.0100 *** (4.07)	0.0001 (0.14)	0.0023 (1.03)	0.0013 (1.49)
Power × SOE × Protect	-0.0039 *** (-4.43)	-0.0007 * (-1.68)	-0.0006 (-0.84)	-0.0004 (-1.04)
RFC	0.0979 *** (5.97)	0.1397 *** (9.45)	0.0151 (1.02)	0.0513 *** (3.55)
LnAsset	0.0008 (0.22)	0.0103 (7.43)	0.0097 *** (2.61)	0.0007 (0.51)
Lev	0.0361 ** (2.55)	0.0075 (1.04)	0.0105 (0.77)	0.0550 *** (7.54)
ROA	-0.5289 *** (-17.55)	-0.3091 *** (-12.55)	-0.1786 *** (-6.21)	-0.2085 *** (-8.09)
Con	0.0000 (0.33)	0.0000 (0.58)	-0.0004 * (-1.79)	-0.0002 ** (-2.30)
LnFirmage	0.0027 (0.30)	0.0031 (1.42)	0.0093 (0.95)	0.0002 (0.07)

续表

因变量	$\mid\varepsilon\_ROA\mid$		$\sigma(ROA)$	
自变量	模型（1） FE	模型（2） OLS	模型（3） FE	模型（4） OLS
Boardnum	− 0. 0014 （− 1. 24）	− 0. 0008 （− 1. 38）	− 0. 0032 *** （− 3. 06）	− 0. 0008 （− 1. 32）
Inddummy	Yes	Yes	Yes	Yes
Yeardummy	Yes	Yes	Yes	Yes
观测值 N	6106	6106	3913	3913
Within − R^2/ Adjust − R^2	0. 1835	0. 1616	0. 1351	0. 1711

注：（1）圆括号中为对标准误按公司聚类调整后得到的 t 值；
（2）*、**、*** 分别代表回归结果在10%、5%和1%的水平上双尾显著；
（3）模型（1）和模型（3）对应的是 Within − R2，模型（2）和模型（4）对应的是 Adjust − R2。

表 4 - 14 的回归结果显示，在用公司横向风险承担水平作为因变量的模型（1）和模型（2）中，Power × SOE 的系数为正（只在模型（1）中显著），而 CEO 权力、实际控制人身份及投资者保护三者之间的交乘项 Power × SOE × Protect 的系数却显著为负。该结果表明，在其他条件不变的情况下，国有上市公司 CEO 权力对公司风险承担的影响要高于非国有上市公司 CEO 权力对公司风险承担的影响，但随着外部投资者保护程度的提高，国有上市公司中 CEO 权力会受到更大程度的抑制，其所引起的公司风险承担水平也会随之进一步下降。该结果验证了假设 4.3 的结论。

在用公司纵向风险承担水平作为因变量的模型（3）和模型（4）中，Power × SOE 和 Power × SOE × Protect 的系数虽未通过显著性检验，但与模型（1）和模型（2）中一致，仍表现为一正一负，即国有上市公司的风险承担水平高于非国有上市公司的风险承担水平，但随着投资者保护程度的提高，国有上市公司 CEO 权力对公司风险承担水平的影响受到更高程度的负向调节作用。

综上所述，国有上市公司在所有者严重缺位的产权结构下，监督机制进一步弱化，CEO 行为受到的约束更小，表现出来的代理问题恶化，冒险倾向严重，导致公司风险承担水平更高。投资者保护作为一种直接、有效的外部监督机制，能有效缓解国有上市公司"所有者缺位"和"内部人控制"等引起的 CEO 集权问题，因此，投资者保护的改善和提高对于降低国有上市公司风险承担行为将更为有效，也更具有战略意义。

本章的研究结论对于完善公司内外部治理机制对公司风险承担影响的相关文献起到了重要的补充作用，同时，对于上市公司尤其是国有上市公司抑制公司高管过度集权、完善投资者保护工作、降低公司风险承担水平等都具有重要的现实意义。

4.4 稳健性检验

为了确保本章估计结果的有效性和结论的稳健性，本节进行了多项稳健性测试。

（1）对投资者保护的重新衡量。

本章在计算投资者保护综合指标 Protect 的得分时，使用了樊纲等《中国市场化指数——各地区市场化相对进程 2011 年报告》中提供的各省份市场化进程数据。由于该报告最新一年的数据仅到 2009 年，而本章的研究期间为 2003~2013 年，对于 2010、2011、2012 和 2013 年这四年的缺失值，使用了前两年均值自动向下填充的方法进行了补充。为了避免这种人为因素可能造成的衡量误差，在该部分稳健性检验中，我们借鉴张宗新和王晓（2009）、张程睿（2010）以及权小锋和吴世农（2010）的研究，仅用上市公司信息披露质量（Disclose）作为投资者保护的衡量指标，再次对投资者保护在 CEO 权力与公司风险承担之间的调节效应进行研究。

表 4-15 是用信息披露质量衡量的投资者保护对 CEO 权力与公司风险承担之间调节效应的多元分析回归结果。其中，模型（1）和模型（2）以公司

横向风险承担水平 $|\varepsilon\_ROA|$ 作为因变量，模型（3）和模型（4）以公司纵向风险承担水平 $\sigma(ROA)$ 作为因变量。模型（1）和模型（3）在回归方程（3-2）基础上单独引入了信息披露质量变量 Disclose，模型（2）和模型（4）在模型（1）、模型（3）的基础上，又引入了 CEO 权力与信息披露质量的交乘项 Power × Disclose。需要说明的是，到目前为止，本部分所有回归方程使用的都是面板数据的固定效应模型和混合数据的最小二乘法，但是，本部分回归分析的关键解释变量 Disclose 是个哑变量，且对每一家样本公司，该变量在样本期间内基本不变，因此，固定效应模型的差分消除不可观测变量的处理方法在这里并不适用。借鉴权小锋和吴世农（2010）、李春涛等（2013）的方法，本部分使用面板数据的随机效应模型对 CEO 权力、信息披露质量与公司风险承担之间的关系进行多元回归分析。

表 4 – 15　　　　CEO 权力、信息披露质量与公司风险承担的回归结果

因变量	$\|\varepsilon\_ROA\|$		$\sigma(ROA)$	
自变量	模型（1）	模型（2）	模型（3）	模型（4）
C	−0.1353 *** ［−3.70］	−0.1559 *** ［−4.24］	0.0136 ［0.37］	0.0115 ［0.31］
Power	0.0025 *** ［3.68］	0.0080 *** ［5.06］	0.0015 *** ［2.23］	0.0021 ［1.39］
Disclose	−0.0153 *** ［−5.18］	−0.0111 −［1.49］	−0.0100 *** ［−3.72］	−0.0071 ［−1.03］
Power * Disclose		−0.0064 *** ［−3.85］		−0.0007 ［−0.42］
RFC	0.1237 *** ［8.45］	0.1247 *** ［8.52］	0.0319 ** ［2.40］	0.0320 ** ［2.41］
LnAsset	0.0095 *** ［5.79］	0.0094 *** ［5.77］	0.0030 ** ［1.75］	0.0030 * ［1.75］
Lev	0.0061 ［0.74］	0.0054 ［0.66］	0.0458 *** ［5.60］	0.0457 *** ［5.58］
ROA	−0.3839 *** ［−15.03］	−0.3824 *** ［−14.99］	−0.1877 *** ［−7.42］	−0.1880 *** ［−7.42］

续表

因变量	$\lvert \varepsilon\_ROA \rvert$		$\sigma(ROA)$	
自变量	模型（1）	模型（2）	模型（3）	模型（4）
Con	0.0002 * [1.73]	0.0001 * [1.69]	−0.0002 *** [−2.73]	−0.0002 *** [−2.73]
LnFirmage	0.0018 [0.70]	0.0018 [0.7]	−0.0011 [−0.46]	−0.0011 [−0.46]
Boardnum	−0.0010 [−1.48]	−0.0010 [−1.41]	−0.0015 *** [−2.28]	−0.0015 ** [−2.28]
Inddummy	Yes	Yes	Yes	Yes
Yeardummy	Yes	Yes	Yes	Yes
观测值 N	6106	6106	3913	3913
Between − R^2	0.0994	0.1060	0.1206	0.1203

注：（1）方括号中为对标准误按公司聚类调整后得到的 z 值；
（2） * 、 ** 、 *** 分别代表回归结果在 10% 、5% 和 1% 的水平上双尾显著。

在用信息披露质量重新描述投资者保护水平后，表 4 - 15 的模型（1）
和模型（3）中 Disclose 的系数仍显著为负，该结果与表 4 - 12 中模型（1）
和模型（3）的回归结果完全一致；表 4 - 15 的模型（2）和模型（4）中，
Disclose 的系数符号为负，但已变得不显著，而交乘项 Power × Disclose 的系
数不仅为负，且较为显著，这与表 4 - 13 中结果一致。表 4 - 15 的回归结果
说明了如下两个问题：

其一，无论是用综合指标 Protect 还是用信息披露质量 Disclose 来衡量投
资者保护，实证结果都未发生任何变化，该结果表明，本章对于 2010～2013
年间缺失数据的处理方法并未引起实证结果的任何偏差，因此该处理方法是
可行的，结论也是稳健的。

其二，在用信息披露质量替代投资者保护综合变量后，信息披露质量与
公司风险承担水平仍然呈现显著负相关关系，而且这种负相关作用仍然主要
是通过对 CEO 进行有效监督，抑制 CEO 权力过度膨胀等途径来实现的。

同时表 4 - 15 中各控制变量与表 4 - 12、表 4 - 13 中的控制变量在系数符

号及显著性上基本一致，这里不再赘述。

（2）用 ROE 替代 ROA 重新衡量公司风险承担。

第 3 章中的稳健性检验的第二部分中曾使用 ROE 的波动性来重新衡量公司风险承担水平。出于稳健性考虑，本部分也使用 ROE 重新计算公司的横、纵向风险承担水平，再次对 CEO 权力、投资者保护与公司风险承担水平三者之间的关系进行检验。其中，公司横向风险承担水平表示为 $|\varepsilon\_ROE|$，公司纵向风险承担水平表示为 $\sigma(ROE)$。

表 4 - 16 为 CEO 权力、投资者保护与公司风险承担的多元回归分析结果。其中，模型（1）和模型（2）以公司横向风险承担水平 $|\varepsilon\_ROE|$ 作为因变量，模型（3）和模型（4）以公司纵向风险承担水平 $\sigma(ROE)$ 作为因变量。模型（1）和模型（3）在回归方程（3-2）基础上单独引入了投资者保护变量 Protect，模型（2）和模型（4）在模型（1）、模型（2）的基础上，进一步引入了 CEO 权力与投资者保护的交乘项 Power * Protect。具体回归结果如表 4 - 16 所示。

表 4 - 16　　　　　CEO 权力、投资者保护与公司风险承担的回归结果

因变量	$|\varepsilon\_ROE|$		$\sigma(ROE)$	
自变量	模型（1）	模型（2）	模型（3）	模型（4）
C	0.1748 *** (3.92)	0.1701 *** (3.81)	− 0.0227 (− 0.58)	− 0.0212 (− 0.54)
Power	0.0009 ** (1.99)	0.0005 (0.61)	0.0011 *** (2.89)	0.0007 (1.25)
Protect	− 0.0069 *** (− 5.90)	− 0.0039 ** (− 2.25)	− 0.0037 *** (− 4.25)	− 0.0046 *** (− 3.45)
Power × Protect		− 0.0008 ** (− 2.23)		− 0.0002 (− 0.89)
RFC	0.0514 *** (7.23)	0.0515 *** (7.24)	0.0103 * (1.86)	0.0103 * (1.85)
LnAsset	− 0.0045 *** (− 2.72)	− 0.0045 *** (− 2.69)	0.0007 (0.54)	0.0007 (0.51)

续表

因变量	$\lvert \varepsilon\_ROE \rvert$		$\sigma(ROE)$	
自变量	模型（1）	模型（2）	模型（3）	模型（4）
Lev	−0.0176*** （−2.87）	−0.0183*** （−2.97）	−0.0065 （−1.26）	−0.0062 （−1.21）
ROA	0.1080*** （8.24）	0.1086*** （8.28）	−0.0035 （−0.32）	−0.0036 （−0.34）
Con	−0.0000 （−0.53）	−0.0000 （−0.51）	−0.0001* （−1.73）	−0.0001* （−1.75）
LnFirmage	−0.0038 （−0.96）	−0.0040 （−1.02）	0.0057 （1.55）	0.0058 （1.58）
Boardnum	−0.0011** （−2.28）	−0.0011** （−2.29）	−0.0012*** （−3.17）	−0.0012*** （−3.18）
Inddummy	Yes	Yes	Yes	Yes
Yeardummy	Yes	Yes	Yes	Yes
观测值 N	6106	6106	3913	3913
Within − R^2	0.0595	0.0604	0.0290	0.0293

注：（1）圆括号中为对标准误按公司聚类调整后得到的 t 值；
（2）*、**、*** 分别代表回归结果在 10%、5% 和 1% 的水平上双尾显著。

表 4 – 16 的模型（1）和模型（3）中，主要解释变量 Power 的系数显著为正，Protect 的系数显著为负，再次验证了假设 3.1a 和假设 4.1 的结论。在引入交乘项 Power × Protect 后，模型（2）和模型（4）中的 Power 的系数虽仍为正，但已不再显著，Protect 的系数仍显著为负，Power × Protect 的系数也为负且基本显著。该结果表明，在使用 ROE 重新衡量公司风险承担水平后，投资者保护能够降低公司风险承担水平，且对 CEO 权力产生了显著的抑制作用，从而能够更加显著地抑制公司过高的风险出现。该结果再次验证了假设 4.2 的结论及本章的前述研究结果。

（3）剔除金融危机影响下的再次检验。

Lemmon 和 Lins（2003）研究了东亚的 8 个国家中上市公司在亚洲金融危机中的表现，研究重点聚焦于危机中大股东利益侵占及投资者保护行为。

他们发现，一方面，在金融危机中，存在大股东控制的上市公司，尤其是大股东的控制权远远超过其所有权的时候，大股东对其他股东利益侵占行为越严重；另一方面，投资者保护措施的重要性往往在经济形势好的时候被忽略，而在经济形势出现问题的时候受到较大的重视。受此启发，本部分接下来将进一步检验投资者保护机制对于风险承担水平的调节作用是普遍存在的，还是像 Lemmon 和 Lins（2003）所描述的那样，也会受到经济形势变化的影响？这种影响的机理何在呢？

发生于 2008 年的金融危机为上述研究提供了一个天然的研究环境及背景，因此，本部分将以 2008 年作为一个时间节点对总样本公司进行分组，一组为 2008~2009 年的公司样本，表示为经济形势出现问题的一组，记为组 I[①]；其余的公司样本被分为一组，表示为经济稳定运行的一组，记为组 II。由于样本公司的面板数据在时间序列上发生了较大断裂，致使无法正常计算公司纵向风险承担水平，因此本部分回归仅使用公司横向风险承担作为因变量，使用的回归方程和方法见本章 4.2.2 所示，具体回归结果见表 4-17。

表 4-17　　　　　不同经济形势下投资者保护对 CEO 权力与
公司风险承担关系的调节效应比较

自变量	组 I		组 II	
	模型（1）	模型（2）	模型（3）	模型（4）
C	-0.6511 （-0.91）	-0.6719 （-0.94）	0.0290 （0.23）	0.0192 （0.15）
Power	0.0007 （0.15）	0.0054 （0.77）	0.0023 ** （1.98）	0.0069 *** （3.40）
Protect	-0.0091 （-0.93）	-0.0004 （-0.03）	-0.0134 *** （-4.55）	-0.0038 （-0.82）

---

① 美国金融危机虽然发生在 2008 年，但一般认为，危机发生后几年都可能对经济形势持续产生影响，经济水平表现得较差。因此，本部分将 2008 年及 2009 年的样本公司分为一组，表示为经济形势较差的一组。

续表

自变量	组 I		组 II	
	模型（1）	模型（2）	模型（3）	模型（4）
Power * Protect		−0.0028 （−0.91）		−0.0025 *** （−2.76）
RFC	0.0554 （1.20）	0.0563 （1.22）	0.1083 *** （5.84）	0.1085 *** （5.86）
LnAsset	0.0349 （1.32）	0.0345 （1.30）	0.0012 （0.3）	0.0014 （0.33）
Lev	−0.0213 （−0.27）	−0.0234 （−0.30）	0.0205 （1.32）	0.0186 （1.20）
ROA	−0.3863 *** （−3.70）	−0.3804 *** （−3.64）	−0.6556 *** （−19.26）	−0.6556 *** （−19.28）
Con	0.0005 （0.44）	0.0006 （0.46）	−0.0000 （−0.00）	0.0000 （0.03）
LnFirmage	−0.0029 （−0.05）	−0.0009 （−0.02）	0.0005 （0.05）	−0.0008 （−0.08）
Boardnum	0.0025 （0.42）	0.0023 （0.38）	−0.0011 （−0.85）	−0.0011 （−0.87）
Inddummy	Yes	Yes	Yes	Yes
Yeardummy	Yes	Yes	Yes	Yes
观测值 N	951	951	5155	5155
Within − R^2	0.0444	0.0462	0.1125	0.1141

注：（1）圆括号中为对标准误按公司聚类调整后得到的 t 值；
（2）*、**、*** 分别代表回归结果在 10%、5% 和 1% 的水平上双尾显著。

对比表 4 - 17 中组 I 和组 II 中的 Protect 及 Power × Protect 的系数符号及显著性，我们可以发现：组 I 下的模型（1）和模型（2）中，Protect 和交乘项 Power × Protect 的系数均为负，但都不显著；而在组 II 下的模型（3）和模型（4）中，Protect 和交乘项 Power × Protect 的系数也均为负，且基本通过了显著性检验。对比结果意味着，在经济形势较差的时期，投资者保护措施往往容易被忽略，而在经济形势好的时候，投资者保护措施更容易受到重视，而只有在受到重视的时候其对公司风险的抑制作用才能有效发挥。这与 Lemmon 和 Lins（2003）的研究结论恰恰相反。作者认为，产生这种现象的原因在于两点：第一，从本章图 4-2 我国投资者保护水平逐年变化趋势图上看，样本研究期间内，虽然我国投资者保护水平呈逐年递增趋势，但在 2008 年和 2009 年这两年出现了拐点，投资者保护水平明显降低，而较低的投资者保护水平在监督 CEO 权力、降低公司风险承担水平上的作用将会显著下降；第二，我国上市公司的管理者更注重于公司当前业绩的提升，因此倾向于将更大的精力放在有助于快速提高公司业绩的投、融资等生产决策上，而对于见效慢、具有软约束作用的投资者保护措施不能给予充分的重视，特别是在经济滑坡的时候，这种忽视态度表现得更为强烈，因此，经济形势较差期间投资者保护对公司风险的负向调节作用必将大打折扣。该结论对我国证券市场监管机构具有重要的警示作用，即在经济形势较差期间，更应该注意加强市场和公司对投资者保护的力度，这样才能有效发挥投资者保护对管理层权力的监督，降低公司业绩波动，化解公司风险，促进经济尽快地走上健康、平稳的发展道路。

虽然金融危机时期，我国上市公司投资者保护程度较低，使得公司风险承担水平并未显著降低，但综合组 I 和组 II 中 Protect 和交乘项 Power × Protect 的系数符号，我们认为，即使是在经济形势出现问题、投资者保护意识较差的时期，投资者保护也能通过抑制 CEO 高度集权下的冒险行为，负向调节 CEO 权力所引起的公司过度的风险承担行为。

总体说来，本章的全部假设及结论均通过了稳健性验证，可以认为本章所得结论是可靠并稳定的。

4.5　本　章　小　结

本章以我国深交所 2011 年 12 月 31 日前在深交所上市的 A 股公司 2003 ~ 2013 年的数据为研究样本，研究了投资者保护对 CEO 权力与公司风险承担水平之间关系的调节作用。在描述投资者保护变量时，使用了因子分析法，得到我国上市公司投资者保护的衡量指标并作为主要解释变量，分别以公司横向风险承担水平和纵向风险承担水平作为被解释变量进行了回归分析。同时，为了进一步研究不同控制人身份下投资者保护对二者关系的调节作用是否存在不同，本章检验了投资者保护对公司 CEO 权力与风险承担水平在国有上市公司和非国有上市公司中的不同调节强度。研究发现：

（1）在其他条件不变情况下，投资者保护程度会对公司风险承担水平产生显著的负向调节作用。这种负向调节作用可以从两个方面来解释，一方面，投资者保护的最大功能就是降低公司内部的信息不对称问题，稳定投资者信心，从而显著地提升经营业绩并降低经营风险；另一方面，投资者保护程度的提高，能够使企业的经营决策置于大众的有效监督之下，特别是公司管理层决策行为能够被及时跟踪和调查，因此 CEO 的决策将更加稳健、慎重，特别是无效投融资行为以及谋求私利的败德行为将大大减少，公司的风险承担水平也将随之大幅度降低。

（2）相对于非国有上市公司，国有上市公司中投资者保护水平的提高对于 CEO 集权所引起的高风险会有更加显著的调节作用。第 3 章的实证结果已经证明，国有上市公司 CEO 权力对公司风险承担水平的影响要显著高于非国有上市公司 CEO 权力对公司风险承担的影响。投资者保护作为一种直接、有效的公司外部治理（监督）机制，随着其保护程度的提高，国有上市公司中对 CEO 权力长期缺乏有效监督的局面将显著得到改善，CEO 权力受到的抑制效果也更明显，因此，相比非国有上市公司，国有上市公司中投资者保护对 CEO 权力与公司风险承担水平的负向调节效应更大。

（3）为了验证上述结论的稳定性，本章从三个方面对 CEO 权力、投资者保护与公司风险承担之间的关系进行了稳健性检验。

第一，为了避免在投资者保护综合指标选取过程中人为因素带来的衡量误差，在第一部分稳健性检验中，我们仅用上市公司信息披露质量（Disclose）作为投资者保护的衡量指标，再次对投资者保护在 CEO 权力与公司风险承担水平之间的调节效应进行研究，所得结论与之前的结论完全一致。

第二，用公司的净资产收益率指标 ROE 的波动性重新衡量公司风险承担水平，再次对投资者保护对 CEO 权力与公司风险承担水平之间的调节效应进行了检验。所得结论与用总资产收益率 ROA 衡量的公司风险承担水平作为因变量时的回归结果完全一致，再次证明了本章结论是稳健的。

第三，为了检验投资者保护对于公司风险承担水平的调节作用是普遍存在的，还是会随经济形势的变化而变化，最后一部分稳健性检验中，本章以 2008 年金融危机发生前后作为一个时间节点对样本公司进行分组，再次进行了检验。检验发现，金融危机时期，由于我国上市公司投资者保护程度较低，公司风险承担水平并未得到显著改善；非金融危机时期，投资者保护对 CEO 权力和公司风险的调节作用显著存在。

本章的理论价值在于进一步丰富了有关 CEO 权力、投资者保护与公司风险承担水平之间关系问题的研究文献，从新的视角验证了内外部治理机制对公司风险承担水平特殊的治理效应。同时，本章的研究对加强当前我国上市公司的投资者保护工作，增加外部治理机制对公司内部治理机制的制衡效应，降低公司风险等都具有重要的现实意义。

5 内外部治理机制、风险承担与公司成长性

　　国内已有的关于公司成长性问题的研究，大体可以归纳为两个方面，一方面是对于公司成长性指标的选取及评价方法的研究，如功效系数法、二维判断法、综合评分法、灰色关联度分析法、层次分析法、模糊评价法、突变级数法和因子分析法等（吴世农等，1999；陈晓红等，2006；陈晓红和王琦，2008；宋鹏和黄倩，2012；张显峰，2012；陈守东，2013；邓必银，2013；肖东生等，2014）；另一方面是在已有的成长性评价方法的基础上，从股权结构、债权结构、R&D 支出、管理层薪酬等多角度研究哪些因素可能对公司的成长性起到决定性作用（谢军，2005、2006；李延喜，2008；陈晓红等，2009；张信东和薛艳梅，2010；金建培，2010；胡亚权和周宏，2012；段伟宇，2013）。

　　企业成长理论属于动态性理论，企业面临的生存环境又非常复杂，充满了很多不确定性与多变性，很难单纯地判断企业的成长性高低到底是由哪个或哪几个因素决定的，虽然国内外众多学者从多个角度对公司成长性的影响因素做了大量的讨论和研究，但目前，关于公司风险承担与公司成长性关系的研究还鲜有文献涉及，仅有的少数几篇文献也只是从间接的角度涉及了二者的关系。公司风险承担或冒险行为是否能够让公司抓住更有利的时机和投资项目，提高公司业绩和促进公司的成长，还是如美国一些学者和机构所认为的那样，银行和企业过度的风险承担是引发公司破产，甚至导致经济衰退的重要诱因呢？2008 年美国的金融危机中，中国经济也不可避免地受到了一定程度的影响，因此，在新的世界经济环境下，尤其对于正处于新兴加转轨时期的中国以及中国企业来说，探索公司风险承担与公司成长性之间的关系，找出危机根源，避免重蹈覆辙，就显得尤为重要和迫切。

　　基于上述分析，本章将在第 3 章和第 4 章研究的基础上，进一步探究我国上市公司风险承担水平与公司成长性之间的关系，以及内外部治理机制对公司成长性的影响效果及机理。本章的研究预期解决以下几个问题：（1）公司风险承担对公司成长性是否会产生显著影响？影响方向如何？（2）二者之间的这种相关关系是否会随公司实际控制人身份的变化而变化？（3）CEO 权力、投资者保护这两种公司内外部治理机制，能否对公司的成长性产生直接而显著的影响？

5.1　风险承担与公司成长性关系研究

5.1.1　理论分析与研究假设

早期的一些研究认为，公司风险承担或冒险行为能够让公司抓住更有利的时机和投资项目，进而提高公司业绩和促进公司的成长（Durne et al.，2004；John et al.，2008；Fogel et al.，2008；Low，2009）；同时，较大的公司风险承担水平意味着越高的资本预算效率和资源配置效率（余明桂等，2013），将有利于公司的科技进步。然而，大量的实践却表明，那些不顾风险，飞速扩张的企业往往消失地也最快。Zahra（2000）从"企业高管对冒险活动支持和参与将会有利于企业的生存和发展"的假设出发，在对美国 231 家中等规模的制造企业分析后却发现，总经理与董事长的两职合一确实能够促进企业冒险决策的制定，但这却并不利于企业的经营，企业往往可能会被总经理的某些错误决策引入困境而无法自拔，而无法实现企业的创新和未来成长。Li 和 Tang（2010）提出，对企业来讲，承担风险是企业获取收益的前提，高收益必然伴随着高风险，但同时，企业面临的风险承担水平越高，发生危机的可能性也越大。Nakano 和 Nguyen（2012）认为，风险和收益是相匹配的，想要不承担任何风险就取得成功几乎是不可能的，但公司可能会因为过高的风险承担而最终破产。无独有偶，许多人将最近美国金融危机的根源归咎于银行和企业过度的风险承担（Excess Risk - taking）行为，认为过度的风险承担不但不利于公司的成长，甚至会使公司一蹶不振乃至破产，继而引发严重的经济后果（Bebchuk et al.，2010；Berndt et al.，2010；Board of

Governors of the Federal Reserve System，2011）。

本章认为，目前我国上市公司普遍存在着公司内外部治理机制弱化、国有企业"所有者缺位"等问题，CEO 权力不断膨胀，甚至凌驾于公司治理和董事会之上，使得我国上市公司风险承担水平居高不下，而如此高的风险更容易使公司陷入困境，损害公司的成长能力和未来发展潜力。就此，结合本章的研究实际，提出假设 5.1：

假设 5.1：在其他条件不变的情况下，风险承担与公司成长性表现为负相关关系，即公司风险承担水平越高，公司成长性越差。

同时，第 3 章中的实证结论显示，在其他条件不变的情况下，国有上市公司 CEO 权力对公司风险承担的影响程度要显著高于非国有上市公司 CEO 权力对公司风险承担的影响程度。因此，本章进一步推断，由于国有上市公司面临着更高的风险承担水平，而较高的风险水平会对公司成长性产生不利影响，那么相对于非国有上市公司，国有上市公司的风险承担行为对公司成长性的不利影响将可能更为严重。

这种影响有可能从以下三条途径产生：一是相对于非国有上市公司，国有上市公司的 CEO 由于缺乏所有权利益和所有权激励，有可能对公司长远发展缺乏足够的关注，因此，在主导公司发展过程中，缺乏稳定的和有远见的长远规划，决策制定的随意性较大、稳定性较差，因而导致公司短期承担过多风险，但却较少服务于公司长远发展；二是国有上市公司与政府存在千丝万缕的联系，不同程度地承担了政府的社会职能，相应地国有上市公司 CEO 也有较严重的政府情结，其政治升迁也取决于他们的行为取悦于上级政府的程度，这种状况导致的一个结果就是国有上市公司 CEO 的决策不能或不完全符合公司股东及公司发展的长期目标，而是更多地迎合了政府的短期社会目标，这种决策模式在加大公司短期绩效波动的同时，也会影响公司的长远发展；三是相对于非国有上市公司，国有上市公司管理者代理问题更为严重，由此导致的内部腐败现象既增加了公司运营的成本，又破坏了公司内部成长环境，因而可能造成了公司经营业绩不确定性的加大、风险承担过高以及公司成长性的削弱。

就此，本章继续提出假设 5.2：

假设 5.2： 在其他条件不变的情况下，风险承担对公司成长性的负向影响，在国有上市公司中要比在非国有上市公司中表现得更为严重。

5.1.2 研究设计

5.1.2.1 样本选择与数据来源

本部分研究所使用的样本与第 3 章中的样本选择一致，仍为深交所 2011 年 12 月 31 日前上市的 1079 家 A 股公司，研究期间为 2003～2013 年间，总计 6106 条样本观测值。

本章所使用的数据包括 CEO 权力数据、投资者保护数据、公司财务数据等。CEO 权力和投资者保护的数据来源见第 3 章的样本选择与数据来源部分的相关内容；公司成长性的相关数据来源于国泰安 CSMAR 数据库和 Wind 数据库。本章多元回归分析使用了 Stata12.0 统计软件，因子分析时使用了 SPSS16.0 统计软件。

5.1.2.2 变量选取与模型设定

（1）因变量——公司成长性。

①公司成长性指标选取。

国内外学者对公司成长性的衡量主要采用两类方法：一类为单一指标法，主要为财务类指标，如营业收入、Tobin's Q、市净率、净资产增长率、资产市值账面比、主营业务收益率等（Müller，2009；谢军，2005，2006；曾江洪和丁宁，2007；李延喜，2008；胡亚权和周宏，2012）。单一指标法简明易懂、计算方便，但却无法反映企业成长中的综合性特征，因此所得结论往往因选取指标的不同而不同。另一类为综合指标法，该方法通过选取能综合反映企业成长性的多方面指标，然后采用某种指标评价方法得到一个企业综合成长指数，以此衡量企业的成长性（Beck et al.，2005；陈晓红等，2006、2009；李东红，2011；宋鹏和黄倩，2012；张显峰，2012；陈守东，2013；邓必银，2013；张冬，2013；肖东生等，2014）。复合指标法兼顾了企业成长过程中表现出来的多方面特征，并采取科学的评价方法进行衡量，因此这种指标选取方法在对公司的成长性评价中得到了广泛应用。

基于上述分析，本章也将使用综合指标法评价样本公司的成长性。同时，借鉴陈晓红等（2006，2009）、李东红（2011）、宋鹏和黄倩（2012）和张冬（2013）的指标选取办法，本章分别从盈利能力、资金运营能力、偿债能力和发展能力四个方面9个三级指标综合评价样本公司的成长性。具体情况见表5-1所示。

表5-1 公司成长性评价指标体系

一级指标	二级指标	三级指标	指标代码	指标释义
公司成长性	盈利能力	总资产收益率	ROA	总资产收益率 = 净利润/总资产余额
		净资产收益率	ROE	净资产收益率 = 净利润/净资产余额
	资金运营能力	总资产周转率	TURNA	营业收入/资产总额期末余额
		应收账款周转率	TURNL	营业收入/应收账款期末余额
	偿债能力	流动比率	FLUID	流动资产/流动负债
		速动比率	QUICK	（流动资产 - 存货）/流动负债
		现金比率	CASH	现金及现金等价物期末余额/流动负债
	发展能力	总资产增长率	AR	（期末总资产 - 期初总资产）/期初总资产
		净资产增长率	NAR	（期末净资产 - 期初净资产）/期初净资产

②公司成长性指标的评价。

表5-1中的9个指标分别从公司的盈利能力、资金运营能力、偿债能力和发展能力四个方面综合评价了公司的成长性，较为全面，但这些指标之间又不可避免地存在着一定的相关性，简单相加减无法避免指标间重复的问题。沿用第4章中对投资者保护指标的计算方法，本节仍然使用因子分析法计算

样本公司的成长性综合指数（Growth）。基本思路是，首先，根据相关性的大小把上述描述企业成长性的 9 个特征指标进行分组，使得同组内的指标之间具有较高的相关性，但不同组之间的指标不相关或者相关性较低；其次，利用因子分析法将 9 个特征变量进行"降维"处理，得到若干个"公共因子"；最后，将各公因子旋转后的方差贡献率作为权重分别与对应的公因子相乘后加总，最终取得的值即为公司成长性指数（Growth）的具体分值。

（2）自变量——风险承担。

沿用第 3 章中对公司风险承担的定义和计算方法，本节仍然使用总资产收益率 ROA 的横向离散度 $|\varepsilon\_ROA|$ 和纵向波动性 $\sigma(ROA)$ 来衡量公司风险承担水平，并作为本章回归分析中的主要解释变量。

（3）控制变量。

除公司风险承担外，公司成长性还会受到其他因素的影响，如企业规模、固定资产投资、财务杠杆、盈利能力、股权结构以及公司治理结构等（Adams et al. , 2005；Cheng, 2008；张信东和薛艳梅, 2010；段宇伟, 2013）。谢军（2005，2006）的研究结果表明，上市公司所处的行业对公司成长性也有显著的影响，即公司成长性往往表现出显著的行业效应。肖东生等（2014）基于中小板上市公司的成长性进行研究时，也发现企业资产规模、终极所有者性质、所在行业和地区等变量与公司成长性之间都具有显著的相关性。

在借鉴上述文献的基础上并结合本章研究的实际情况，我们选取以下 10个变量作为控制变量：①公司规模，以公司总资产自然对数表示（LnAsset）；②固定资产比率，用固定资产净额/资产合计表示（Fix）；③财务杠杆，用公司资产负债率表示（Lev）；④盈利能力，用总资产收益率表示（ROA）；⑤股权集中度，以第一大股东持股比例表示（Con）；⑥董事会规模，用董事会总人数表示（Boardnum）；⑦公司年龄，以公司成立天数的自然对数表示（Lnfirmage）；⑧公司实际控制人身份的虚拟变量（SOE）；⑨行业虚拟变量（Inddummy）；⑩年份虚拟变量（Yeardummy）。

本章涉及的主要变量的具体名称及释义见表 5 - 2 所示。

表 5 - 2   变量名称、释义与符号预判

变量类型	变量名称	符号	变量释义	符号预判
因变量	公司成长性	Growth	用反映公司盈利能力、资金运营能力、偿债能力和发展能力四个方面共计 9 个维度的指标，在因子分析法下得到综合得分进行评价	
自变量	风险承担	$\|\varepsilon\_ROA\|$	用财务业绩指标 ROA 衡量的公司横向风险承担	–
		$\sigma(ROA)$	用财务业绩指标 ROA 衡量的公司纵向风险承担	
控制变量	公司规模	LnAsset	用公司总资产的自然对数表示	+
	固定资产比率	Fix	固定资产净额/资产合计	–
	资产负债率	Lev	负债总额/资产总额	–
	公司盈利能力	ROA	总资产收益率 = 净利润/总资产余额	+
	股权集中度	Con	用第一大股东持股比例表示	–
	董事会规模	Boardnum	用董事会总人数表示	+
	公司成立年限	LnFirmage	用公司成立天数的自然对数表示	–
	实际控制人身份	SOE	虚拟变量，当公司实际控制人为国有企业时，该值取 1；实际控制人为非国有企业时，该值取 0	–
	行业虚拟变量	Inddummy	本书样本共涉及 12 个行业，为避免共线性，设置了 11 个行业虚拟变量	
	年份虚拟变量	Yeardummy	本书研究期为 11 年，为避免共线性，设置了 10 个年份虚拟变量	

（4）模型设定。

为了考察公司风险承担与公司成长性之间的关系，本章构建如下回归方程：

$$Growth_{it} = \alpha_0 + \alpha_1 RISK_{it} + \alpha_2 Fix + \alpha_3 LnAsset_{it} + \alpha_4 Lev_{it} + \alpha_5 ROA_{it}$$

$$+ \alpha_6 Con_{it} + \alpha_7 LnFirmage_{it} + \alpha_8 Boardnum_{it}$$

$$+ \sum_{m=1}^{11} \alpha_{8+m} Inddummy + \sum_{j=1}^{10} \alpha_{19+j} Yeardummy + \varepsilon_{it} \quad (5-1)$$

我们预期该回归方程中 α_1 的符号为负，即公司风险承担水平越高，公司

成长性越差。其他变量的系数符号能否如表 5 - 2 中的预判所示，有待于通过回归分析进行验证。

同时，为了检验在不同控制人身份下，公司风险承担是否会对公司成长性产生不同程度的影响，我们将回归方程（5 - 1）中的解释变量 RISK 替换为风险承担与控制人身份虚拟变量的交乘项 RISK × SOE，构建回归方程（5 - 2），具体情况如下所示：

$$Growth_{it} = \eta_0 + \eta_1 RISK_{it} \times SOE_{it} + \eta_2 Fix_{it} + \eta_3 LnAsset_{it} + \eta_4 Lev_{it}$$
$$+ \eta_5 ROA_{it} + \eta_6 Con_{it} + \eta_7 LnFirmage_{it} + \eta_8 Boardnum_{it}$$
$$+ \sum_{m=1}^{11} \eta_{8+m} Inddummy + \sum_{j=1}^{10} \eta_{19+j} Yeardummy + \zeta_{it} \qquad (5 - 2)$$

本章采用豪斯曼检验（Hausman Test）对回归方程（5 - 1）和方程（5 - 2）进行了检验，两次检验的 P 值均在 1% 的显著性水平下拒绝了原假设，说明在估计方法上固定效应模型要优于随机效应模型，因此本章仍然使用面板数据的固定效应模型进行估计。同时，为了防止可能存在的异方差与自相关问题，仍采用"聚类稳健标准误（Cluster）"按公司进行聚类调整。

5.1.2.3　公司成长性的因子分析

（1）原始变量的描述性统计与相关性检验。

①原始变量的描述性统计。

表 5 - 3 报告了公司成长性的 9 个原始变量的描述性统计结果。

表 5 - 3　　　　　　　　　　　　原始变量的描述性统计

变量	N	均值	最小值	最大值	25%分位数	中值	75%分位数	标准差
ROA	6106	0.0498	- 0.5069	0.3897	0.0221	0.0459	0.0717	0.0495
ROE	6106	0.0788	- 2.3630	0.7505	0.0415	0.0749	0.1161	0.0942
AR	6106	0.3144	- 0.5578	8.8988	0.0415	0.1330	0.2970	0.6276

续表

变量	N	均值	最小值	最大值	25% 分位数	中值	75% 分位数	标准差
NAR	6106	0.4275	−0.6989	13.6027	0.0236	0.0699	0.1834	1.0443
TURNA	6106	0.6792	0.0055	9.0726	0.3749	0.5566	0.8129	0.5367
TURNL	6106	446.5331	0.0000	851306	3.9468	7.1068	17.4790	13283
FLUID	6106	3.6219	0.0605	204.7421	1.1669	1.7834	3.5021	6.9886
QUICK	6106	3.0132	0.0605	179.5783	0.7284	1.2442	2.8195	6.4669
CASH	6106	1.9553	−4.3587	218.7831	0.2401	0.5088	1.5425	6.2382

从表5-3中可以看出，描述公司成长性的9个原始变量的最小值与最大值之间相差较大，尤其是 TURNL（应收账款周转率）、FLUID（流动比率）、QUICK（速动比率）以及 CASH（现金比率）这四个变量的最小值和最大值之间相差地更为悬殊[①]。由此可见，样本公司间描述成长性的各项财务指标之间存在着一定的差异性，用这些指标刻画样本公司间成长性的差异理论上是可行的。

②原始变量的相关性检验。

如第4章中4.2.3部分所述，在进行因子分析之前，使用 KMO（Kaiser – Meyer – Olkin）检验和巴特利特球形检验（Bartlett Test of Sphericity）对原始变量进行相关性分析。该项分析仍然使用 SPSS16.0 统计软件，检验结果如表5-4所示。

表 5 – 4   **KMO 和 Bartlett 检验**

取样足够的 Kaiser – Meyer – Olkin 统计量		0.621
Bartlett 球形检验	近似卡方	52690
	df	36
	Sig.	.000

表5-4中，KMO 统计量为0.621，Bartlett 检验的近似卡方为52690，伴

---

① TURNL（应收账款周转率）的最小值为0，最大值为851306%；FLUID（流动比率）最小值为0.0605，最大值为204.7421；QUICK（速动比率）最小值为0.0605，最大值为179.5783；CASH（现金比率）最小值为−4.3587，最大值为218.7831。

随概率 P 值为 0.000。KMO 统计量和巴特利特球形检验的统计结果一致表明，描述公司成长性的这 9 个原始变量间具有较强的相关性，适合做因子分析。

（2）求解特征值与贡献率。

本部分对 6106 条样本观测值的 9 个变量的原始数据进行标准化处理并求取特征值和贡献率。样本数据的标准化处理过程已由软件 SPSS16.0 自动完成，并给出了各因子的方差贡献率和特征值（见表 5 – 5）。按照特征值大于 1 的原则，软件自动提取了 4 个公共因子，累积方差贡献率高达 84.047%，说明提取的这 4 个公共因子能够解释原变量的绝大部分信息。

表 5 – 5 各因子的特征值与方差贡献率

初始解	初始特征值			提取的公共因子的方差贡献率			旋转后提取的公共因子的方差贡献率		
	特征值	方差贡献率（%）	累积方差贡献率（%）	特征值	方差贡献率（%）	累积方差贡献率（%）	特征值	方差贡献率（%）	累积方差贡献率（%）
1	3.207	35.638	35.638	3.207	35.638	35.638	2.746	30.509	30.509
2	1.875	20.832	56.469	1.875	20.832	56.469	1.907	21.187	51.696
3	1.459	16.212	72.682	1.459	16.212	72.682	1.859	20.654	72.351
4	1.023	11.365	84.047	1.023	11.365	84.047	1.053	11.696	84.047
5	0.922	10.239	94.286						
6	0.262	2.909	97.195						
7	0.148	1.646	98.841						
8	0.099	1.096	99.938						
9	0.006	0.062	100.000						

注：使用的萃取方法为主成分分析法，在此法中，为了保证每个因子上具有的最高载荷的变量数目最小，对因子进行了正交旋转处理。

图 5 – 1 显示的是公共因子的碎石图。它的横坐标为公共因子数，纵坐标为公共因子的特征值。由图 5 – 1 可见，前 1 ~ 4 个公共因子的特征值变化趋势明显，相应的曲线部分表现得非常陡峭，到第 5 个特征值及以后，曲线趋于平稳。该图再次说明前 4 个公共因子对原变量的信息描述有显著作用。按照表 5 – 5 和图 5 – 1 中的信息提示，本章选取前 4 个公因子作为样本公司成

长性指数的拟合因子。

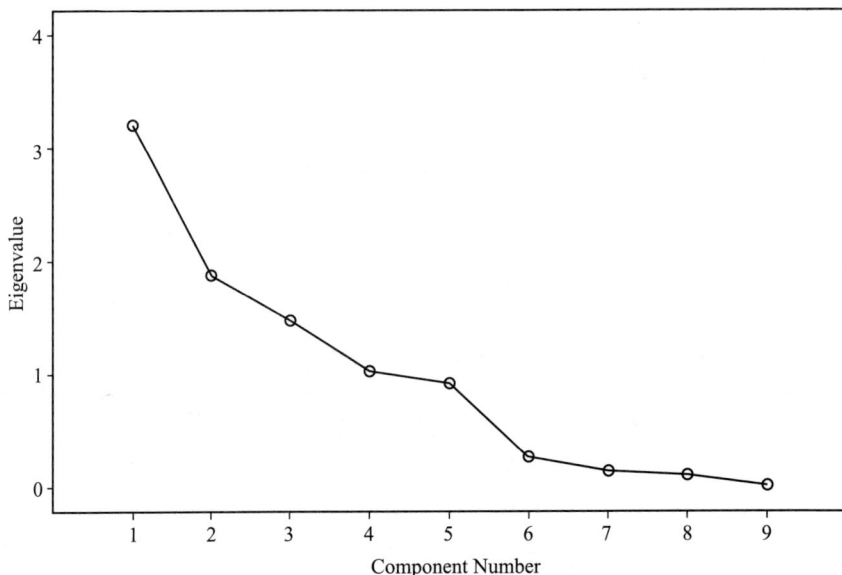

图 5 - 1　公共因子碎石图

（3）建立因子载荷矩阵命名因子。

为了便于对公共因子进行解释，这里按照方差极大法对因子载荷矩阵进行旋转①，旋转之后的结果如表 5 - 6 所示。

表 5 - 6　　　　　　　　　方差极大法旋转后的因子载荷矩阵

	因子			
	F1	F2	F3	F4
ROA	0.105	0.097	0.944	0.024
ROE	-0.031	0.047	0.956	0.058
AR	0.169	0.951	0.073	-0.060

---

① 为了节省篇幅，本章未对因子载荷矩阵和因子分析模型进行报告，只报告了在方差极大法下的对因子载荷矩阵进行旋转之后的结果。

续表

	因子			
	F1	F2	F3	F4
NAR	0.151	0.953	0.075	-0.043
TURNA	-0.098	-0.155	0.171	0.521
TURNL	0.032	0.081	-0.108	0.876
FLUID	0.966	0.128	0.026	-0.035
QUICK	0.969	0.144	0.028	-0.041
CASH	0.894	0.119	0.028	-0.041

注：使用的萃取方法为主成分法，使用的旋转方法为方差极大法。

从表 5 - 6 中可以看出，第一个因子在流动比率（FLUID）、速动比率（QUICK）和现金比率（CASH）上有较大的载荷，它们反映了上市公司偿债能力的情况，可以命名为"偿债能力因子 F1"；第二个因子在总资产增长率（AR）和净资产增长率（NAR）上有较大的载荷，它们反映了上市公司发展能力，可以命名为"发展能力因子 F2"；第三个因子在总资产收益率（ROA）和净资产收益率（ROE）上具有较大的载荷，它们反映了上市公司盈利能力，可以命名为"盈利能力因子 F3"；第四个因子在总资产周转率（TURNA）和应收账款周转率（TURNL）上具有较大的载荷，它反映了上市公司的资金运营能力，命名为"运营能力因子 F4"。

（4）计算公共因子得分。

表 5 - 7 为四个公共因子的得分矩阵[①]。

表 5 - 7　　　　　　　　　　　因子得分系数矩阵

	F1	F2	F3	F4
ROA	0.016	-0.023	0.510	-0.007
ROE	-0.031	-0.032	0.521	0.017

---

① 公共因子得分矩阵表示各项指标变量与提取的公因子之间的关系，在某一公因子上得分越高，表明该指标与该公因子之间关系越密切。

	F1	F2	F3	F4
AR	− 0.072	0.529	− 0.027	− 0.006
NAR	− 0.079	0.533	− 0.026	0.009
TURNA	0.002	− 0.063	0.084	0.483
TURNL	0.040	0.094	− 0.103	0.854
FLUID	0.370	− 0.067	− 0.007	0.012
QUICK	0.369	− 0.059	− 0.007	0.007
CASH	0.342	− 0.063	− 0.004	0.003

根据表 5 − 7 中的因子得分矩阵系数，可以得到下面的因子得分函数：

$$\begin{cases} F1 = 0.016 \times ROA - 0.031 \times ROE + \cdots + 0.342 \times CASH \\ F2 = 0.023 \times ROA - 0.032 \times ROE + \cdots - 0.063 \times CASH \\ F3 = 0.510 \times ROA - 0.521 \times ROE + \cdots - 0.004 \times CASH \\ F4 = -0.007 \times ROA + 0.017 \times ROE + \cdots + 0.003 \times CASH \end{cases} \quad (5-3)$$

SPSS16.0 将根据（5 − 3）所示的公因子得分函数，自动计算 6106 个样本观测值中的 4 个因子得分，限于篇幅，4 个公因子的得分结果未能加以汇报。

（5）计算样本公司成长性指数。

为了最终得到各样本公司的成长性指数（Growth），还需要将各公共因子旋转后的方差贡献率作为权重，分别与各自对应的公因子得分相乘，经过此番加权处理后的总得分，即为公司成长性指标的最终得分。具体计算过程如式（5 − 4）所示：

$$\begin{aligned} Growth = &\text{因子 } F1 \text{ 旋转后的方差贡献率} \times F1 + \text{因子 } F2 \text{ 旋转后的方差贡献率} \times F2 \\ &+ \text{因子 } F3 \text{ 旋转后的方差贡献率} \times F3 + \text{因子 } F4 \text{ 旋转后的方差贡献率} \times F4 \end{aligned}$$

$$(5-4)$$

5.1.2.4　变量描述与相关性检验

本章中主要变量的描述性统计如表 5 − 8 所示。

表 5 – 8   变量的描述性统计

变量	N	均值	最小值	最大值	25% 分位数	中值	75% 分位数	标准差
Growth[①]	6106	0.0000	– 374.2290	768.3163	– 21.9661	– 7.8171	12.2012	44.0803
$|\varepsilon\_ROA|$	6106	0.0397	0	0.5386	0.0121	0.0282	0.0535	0.0409
$\sigma(ROA)$	3913	0.0210	0.0012	0.1198	0.0074	0.0141	0.0261	0.0213
LnAsset	6106	21.5012	19.0208	26.8954	20.7750	21.3358	22.0368	1.0296
Fix	6106	0.2404	0	0.9204	0.1119	0.2095	0.3395	0.1466
Lev	6106	0.3860	0.0071	0.9444	0.2131	0.3822	0.5510	0.2065
ROA	6106	0.0498	– 0.5069	0.3897	0.0221	0.0459	0.0717	0.0495
Con	6106	0.3639	0.0362	0.8649	0.2432	0.3516	0.4695	1.4819
SOE	6106	0.3736	0	1	0	0	1	0.4838
LnFirmage	6106	8.1959	5.9081	9.4259	7.8973	8.2919	8.5723	0.5274
Boardmum	6106	8.9931	3	18	8	9	9	1.8439

通过对上表中各变量的观察可以发现，某些变量的最大值与最小值存在较大差异，如公司成长性（Growth）的最小值为 – 374.2290，最大值为 768.3163，标准差为 44.0803。样本数据可能存在异常值，为了避免这些异常值对回归结果的影响，本章在具体回归时，对所有连续变量在 1% 和 99% 的水平上进行了缩尾处理（Winsorize）。为了检验各变量之间是否因存在多重共线性，本章还对上述数据进行了 Pearson 相关系数检验，具体结果见表 5 – 9。

---

① 需要注意的是，公司成长性指数是在因子分析法下得到的一个综合指标，由于该指标已经过标准化处理，因此均值为 0，同时，部分样本的观测数值出现了负值，这也是数据标准化的结果。这里得分的正负仅表示该公司成长性指数与平均水平的位置关系，并不代表实际成长性的大小，该正负性不会引起回归结果的偏误。

表 5-9

主要变量间的 Pearson 相关系数

Panel A 公司成长性与横向风险承担及其他变量间的相关系数

	Growth	$|\varepsilon\_ROA|$	Fix	LnAsset	Lev	ROA	Con	LnFirmage	Boardnum
Growth	1.0000								
$|\varepsilon\_ROA|$	-0.1651 *** (0.0000)	1.0000							
Fix	-0.2854 *** (0.0000)	0.0275 ** (0.0317)	1.0000						
LnAsset	-0.1137 *** (0.0000)	0.1256 *** (0.0000)	0.1115 *** (0.0000)	1.0000					
Lev	-0.4444 *** (0.0000)	0.1425 *** (0.0000)	0.2280 *** (0.0000)	0.5415 *** (0.0000)	1.0000				
ROA	0.5682 *** (0.0000)	-0.1508 *** (0.0000)	0.1530 *** (0.0000)	-0.0138 (0.2799)	-0.3631 *** (0.0000)	1.0000			
Con	0.0385 *** (0.0026)	0.0087 (0.4963)	0.0463 *** (0.0003)	0.1249 *** (0.0000)	0.0184 (0.1504)	0.0700 *** (0.0000)	1.0000		
LnFirmage	0.2056 *** (0.0000)	0.0652 *** (0.0000)	0.1183 *** (0.0000)	0.2807 *** (0.0000)	0.2750 *** (0.0000)	-0.1205 *** (0.0000)	-0.1770 *** (0.0000)	1.0000	
Boardnum	-0.0709 *** (0.0000)	0.0258 ** (0.0438)	0.1793 *** (0.0000)	0.2936 *** (0.0000)	0.1914 *** (0.0000)	0.0155 (0.2259)	-0.0312 ** (0.0148)	0.0572 *** (0.0000)	1.0000

注: 括号内为相关系数检验的 P 值。

续表

Panel B 公司成长性与纵向风险承担及其他变量间的相关系数

	Growth	σ(ROA)	Fix	LnAsset	Lev	ROA	Con	LnFirmage	Boardnum
Growth	1.0000								
σ(ROA)	-0.2150*** (0.0000)	1.0000							
Fix	-0.1964*** (0.0000)	0.0916*** (0.0000)	1.0000						
LnAsset	-0.0075*** (0.6383)	0.0445*** (0.0054)	0.0371** (0.0204)	1.0000					
Lev	-0.3496*** (0.0000)	0.2072*** (0.0000)	0.1293*** (0.0000)	0.5381*** (0.000)	1.0000				
ROA	0.7319*** (0.0000)	-0.2335*** (0.0000)	-0.1334*** (0.0000)	0.0338** (0.0347)	-0.3331*** (0.0000)	1.0000			
Con	0.0586*** (0.0002)	0.0496*** (0.0019)	0.0388** (0.0152)	0.1557*** (0.0000)	0.0220 (0.1685)	0.0748*** (0.0000)	1.0000		
LnFirmage	-0.0767*** (0.0000)	0.0583*** (0.0003)	0.0366** (0.0222)	0.2598*** (0.0000)	0.2418*** (0.0000)	-0.0700*** (0.0000)	-0.1915*** (0.0000)	1.0000	
Boardnum	-0.0131 (0.4127)	0.0095** (0.5537)	0.1676*** (0.0000)	0.3238*** (0.000)	0.1814*** (0.0000)	0.0408** (0.0106)	-0.0168*** (0.2929)	0.0662*** (0.0000)	1.0000

注：括号内为相关系数检验的 P 值。

表 5 - 9 的 Panel A 和 Panel B 中的相关系数检验结果显示，除总资产（LnAsset）与资产负债率（Lev）之间的相关系数达到了 0.5415 和 0.5381 外，其余变量之间的相关系数都较小，可以初步认为各变量间不存在多重共线性问题。为了保证检验结果的稳健性，我们又计算了各变量的方差膨胀系数，见表 5 - 10 所示。Panel A 为公司成长性与横向风险承担水平模型下的方差膨胀系数表，Panel B 为公司成长性与纵向风险承担水平模型下的方差膨胀系数表。

表 5 - 10　　　　　　　　各变量方差膨胀系数表

Panel A

Variable	VIF	1/VIF
$\lvert \varepsilon\_ROA \rvert$	1.04	0.9608
Fix	1.1	0.9109
LnAsset	1.68	0.5936
Lev	1.79	0.5597
ROA	1.26	0.7967
Con	1.08	0.9218
LnFirmage	1.18	0.8477
Boardnum	1.14	0.8805
Mean VIF	1.28	

Panel B

Variable	VIF	1/VIF
$\sigma(ROA)$	1.09	0.9216
Fix	1.06	0.9392
LnAsset	1.75	0.5725
Lev	1.76	0.5672
ROA	1.26	0.7939
Con	1.11	0.9039
LnFirmage	1.16	0.8605
Boardnum	1.16	0.8641
Mean VIF	1.29	

两表中各变量的 VIF 值和 VIF 均值显著小于 10，因此可以判定本章所使用的各变量间不存在多重共线性问题，避免了模型估计失真或估计不准等问题的出现。

5.1.3　实证结果

5.1.3.1　风险承担与公司成长性的多元回归分析

（1）公司横向风险承担与公司成长性关系的多元回归分析。

表5-11为公司横向风险承担与公司成长性的多元回归分析结果。其中，模型（1）研究的是当期公司横向风险承担$|\varepsilon\_ROA|$与公司成长性 Growth 之间的关系。为了进一步了解公司风险承担对公司成长性是否具有动态影响，根据戴静和张建华（2013）的方法，模型（2）和模型（3）中又依次引入了公司风险承担的滞后一期项$|\varepsilon\_ROA|_{(-1)}$和滞后两期项$|\varepsilon\_ROA|_{(-2)}$。

表5-11 　　　　　　　　　横向风险承担与公司成长性的回归结果

因变量	Growth		
自变量	模型（1）	模型（2）	模型（3）
C	186.9795 *** (4.16)	-59.0269 (-1.25)	-25.4367 (-0.43)
$|\varepsilon\_ROA|$	-34.006 *** (-5.00)	-28.5378 *** (-4.14)	-26.9935 *** (-4.62)
$|\varepsilon\_ROA|_{(-1)}$		10.9791 *** (3.10)	6.3058 * (1.83)
$|\varepsilon\_ROA|_{(-2)}$			0.5149 (0.12)
Fix	-42.1342 *** (-8.34)	-18.9638 *** (-4.75)	-23.6175 *** (-3.73)
LnAsset	7.3249 *** (4.42)	2.7384 * (1.70)	2.8273 * (1.75)
Lev	-47.3385 *** (-5.55)	-27.3204 *** (-2.86)	-26.7229 *** (-2.62)
ROA	377.3908 *** (26.95)	417.4642 *** (27.24)	410.8123 *** (26.27)
Con	-0.2307 ** (-2.26)	-0.0560 (-0.57)	0.0470 (0.66)
LnFirmage	-41.7098 *** (-8.63)	-1.2300 (-0.32)	-5.9507 (-1.36)
Boardnum	-0.2285 (-0.78)	-0.1020 (-0.38)	-0.3359 (-1.25)

续表

因变量	Growth		
自变量	模型（1）	模型（2）	模型（3）
Inddummy	Yes	Yes	Yes
Yeardummy	Yes	Yes	Yes
观测值 N	6106	4996	3887
Within $-$ R^2	0.4391	0.4465	0.5735

注：（1）圆括号内的数字为对标准误按公司聚类调整后得到的 t 值；

（2）*、**、***分别代表回归结果在10%、5%和1%的水平上双尾显著；

（3）由于引入了公司横向风险承担的滞后期，且本文数据为非平衡面板数据，因此模型（2）和模型（3）的样本观测值分别减少为4996和3887条。

模型（1）首先考虑了当期公司横向风险承担与公司成长性之间的关系。其中，$|\varepsilon\_ROA|$ 的系数为负，且在1%的显著性水平下显著，说明公司当期风险承担行为拖累了公司当前的成长性，该结果证明了假设5.1是成立的。这可以解释为，在我国特殊的制度背景下，上市公司 CEO 两职合一、由创始人出任等现象普遍存在，使得 CEO 权力高度集中，甚至往往凌驾于董事会治理机制之上，制约机制的缺失导致 CEO 个人独断专行、冒进倾向严重等现象不断出现，最终将会导致公司面临较高的风险承担水平。虽然早期研究认为公司风险承担或冒险行为能提高公司业绩和促进公司的成长（John et al.，2008；Fogel et al.，2008），但我国上市公司面临的这种过度的公司风险承担水平很可能已经大大超越了能够刺激企业公司业绩提高和公司正常成长的适度的风险范围，因此出现了公司风险承担水平越高，公司业绩越不佳、成长越不良的状况。

模型（2）的结果显示，公司横向风险承担水平的当期项 $|\varepsilon\_ROA|$ 系数仍显著为负，而滞后一期项 $|\varepsilon\_ROA|_{(-1)}$ 系数却显著为正。这表明，公司风险承担行为在当期拖累了公司的成长性，但这种拖累效应在未来能够得到一定程度的修正，表现出对公司未来的成长的正向促进作用。这种修正效应产生的主要原因可能在于，公司当期进行了较大规模的固定资产投资、项目投

资或 R&D 等支出，使得公司当期总资产收益率 ROA 与行业均值产生较大偏离，引起较高的公司风险承担水平，而导致当期成长性水平表现较差，但这些投入在远期很可能有助于企业的创新活动（Peretto，1999），能够促进企业未来的成长。同时，通过对回归结果的进一步观察可以发现，风险的滞后一期项 $|\varepsilon\_ROA|_{(-1)}$ 的系数低于当期项 $|\varepsilon\_ROA|$ 的系数，因此，从总体上看公司风险承担水平所产生的拖累效应大于修正效应，较高的公司风险在整体上仍然不利于公司的成长性。

模型（3）中，公司横向风险承担的当期项 $|\varepsilon\_ROA|$ 和滞后一期项 $|\varepsilon\_ROA|_{(-1)}$ 的系数符号与模型（2）中完全相同，滞后二期项 $|\varepsilon\_ROA|_{(-2)}$ 的系数为正，但不显著。该结果再次说明，公司风险承担行为在未来一段时间内能够修正其对公司成长性的负面影响，但这种修正效应只在未来一年存在显著作用，随着时间的推移，风险承担的滞后项对公司成长性的修正作用逐渐消失。同时，在模型（3）中，公司风险承担的滞后一期和二期项的系数之和仍然低于当期项的系数，进一步说明公司风险承担在整体上仍然是不利于公司成长的。

进一步地，对表 5 – 11 中模型（1）~模型（3）的 R^2 值观察后，我们可以发现，三个模型中的 R^2 值不断提高，说明公司风险滞后项的引入是恰当的，不仅能够提高回归方程的整体拟合程度，而且能够增强公司风险承担对公司成长性的进一步解释力。

模型（1）~模型（3）中，各控制变量与公司成长性之间也存在着显著的相关性，且系数符号与表 5 – 2 中的预判基本一致。LnAsset（总资产规模）与 ROA（盈利能力）都与公司的成长性显著正相关，这与张信东和薛艳梅（2010）的结论一致。而 Fix（固定资产比率）和 Lev（资产负债率）的系数均在 1% 的显著性水平下为负，说明企业固定资产投资和负债水平会损害公司当期的成长性。我们还可以发现，模型（1）中 Con（第一大股东持股比例）的系数显著为负，说明公司股权结构对公司当期成长性能够产生显著的影响，表现为股权越集中，第一大股东对中小股东的利益侵占效应越严重，公司当期成长性越低。LnFirmage（公司年龄）也与公司成长性存在显著负相关关系。本章认为新成立的公司往往规模较小，灵活性强，较容易经历规模经济，未来成长性极高；而创立已久公司，已具备了一定的规模，生产过程和产出较为稳定，且往往容易面临规模不经济，因此表现出的成长性较年轻公司会差一些。本章在样本公司的选取上，既包括主板市场又包括中小板尤其是创业板的上市公司，创业板上市的公司又以高科技公司居多，这些公司往往成立时间短，但成长性却极高，因此回归结果中的公司年龄（LnFirmage）与公司成长性表现出显著的负相关关系与样本公司选取的实际情况是相吻合的。模型（2）和模型（3）中上述变量的系数符号与模型（1）中基本一致，只是大多数未通过显著性检验，这里将不再累述。

（2）公司纵向风险承担与公司成长性关系的多元回归分析。

表 5 – 12 是公司纵向风险承担与公司成长性之间的多元回归分析结果。由于公司纵向风险承担水平 $\sigma(ROA)$ 是利用各公司在研究期间每三年的 ROA 的滚动标准差来表示的，计算过程中已经考虑到了滞后期问题，因此本节在对公司纵向风险承担 $\sigma(ROA)$ 与公司成长性进行回归分析时，不再使用 $\sigma(ROA)$ 的滞后一期和二期项。需要注意的是，公司纵向风险承担使用的是每三年的 ROA 的滚动标准差，被解释变量公司成长性和各控制变量使用的是每个观测时段内最后一年年末值[1]。

本部分回归分析仍采用固定效应模型（FE）进行估计，为了保证回归结果的稳健性，同时使用混合数据的普通最小二乘法（OLS）进行稳健性检验[2]。

---

① 为了防止变量选值方法上可能存在的问题，在本章的稳健性检验部分，使用了被解释变量（公司成长性）和各控制变量在每三年内的均值，重新进行多元回归分析，结果显示，各变量的系数符号和显著性未发生任何实质性变化。

② OLS 下拟合优度 R^2 值等于 0.5649，且回归方程总体的显著性检验水平较高，说明该方法对模型的拟合情况良好。

表 5 - 12 纵向风险承担与公司成长性的回归结果

因变量	Growth	
自变量	模型（1） FE	模型（2） OLS
C	- 24. 8170 (- 0. 44)	- 59. 1561 *** (- 5. 64)
$\sigma(ROA)$	- 18. 5669 ** (- 2. 43)	- 11. 6090 ** (- 2. 14)
Fix	- 22. 2179 *** (- 3. 62)	- 16. 6065 *** (- 6. 53)
LnAsset	3. 1462 ** (2. 03)	2. 0949 *** (4. 73)
Lev	- 27. 1080 *** (- 2. 63)	- 25. 6542 *** (- 10. 37)
ROA	417. 6857 *** (28. 35)	394. 4138 *** (53. 13)
Con	0. 0363 (0. 52)	0. 0193 (0. 78)
LnFirmage	- 6. 3582 (- 1. 43)	- 0. 0980 (- 0. 11)
Boardnum	- 0. 3266 (- 1. 18)	- 0. 3981 ** (- 1. 97)
Inddummy	Yes	Yes
Yeardummy	Yes	Yes
观测值 N	3913	3913
Within - R^2	0. 5680	0. 5649

注：（1）圆括号内的数字为对标准误按公司聚类调整后得到的 t 值；
（2）*、**、*** 分别代表回归结果在10%、5%和1%的水平上双尾显著。

表 5 - 12 的回归结果显示，无论使用面板数据的固定效应模型还是混合数据的最小二乘法，公司纵向风险承担 $\sigma(ROA)$ 的系数均在5%的显著性水平下为负，也就是说，公司纵向风险承担与公司成长性之间存在着显著的负相关关系。综合表 5 - 11 中的结果，我们认为，在其他条件不变的情况下，

公司面临的风险承担水平越高，公司成长性将表现得越差。假设 5.1 的结论通过验证。

通过对其他控制变量的进一步观察，可以发现，Fix（固定资产比率）、Lev（资产负债率）、LnAsset（资产规模）与 ROA（盈利能力）与公司成长性之间也存在着显著的相关性，且相关系数的符号与显著性与表 5 – 11 中控制变量的系数符号及显著性基本一致，这里就不再赘述。

5.1.3.2　不同控制人身份下风险承担与公司成长性的多元回归分析

（1）国有与非国有上市公司中风险承担与公司成长性的单因素方差分析。

为了验证假设 5.2 是否成立，本节先利用单因素方差分析法，对样本公司中国有上市公司与非国有上市公司间的横、纵向风险承担水平及成长性进行均值差异性检验，检验结果见表 5 – 13 所示。

表 5 – 13　　　　国有与非国有上市公司中风险承担及成长性比较

变量	国有上市公司		非国有上市公司		均值差异性检验
	样本数	均值	样本数	均值	t 值
$\mid \varepsilon\_ROA \mid$	2281	0.0716	3825	0.0627	5.5555 ***
$\sigma(ROA)$	1700	0.0445	2213	0.0401	2.0701 **
Growth	2281	– 10.5413	3825	6.2862	– 14.6817 ***

注：（1）横向风险承担水平下的国有企业观测数为 2281，非国有企业的观测数为 3815，共计 6106 条观测值；

（2）纵向风险承担水平下的国有企业观测数为 1700，非国有企业的观测数为 2213，共计 3913 条观测值。

表 5 – 13 中的第二行和第三行分别为国有和非国有上市公司的横、纵向风险承担水平的均值及差异性检验结果。这两行的差异性检验的 t 值均显著为正，说明无论是从横向风险承担水平还是从纵向风险承担水平上看，国有上市公司的风险水平都要显著高于非国有上市公司的风险承担水平。进一步，表 5 – 13

的第四行中的公司成长性指标 Growth 的均值，国有上市公司为 - 10.5413，非国有上市公司为 6.2862，对应的 t 值为 - 14.6817，且在 1% 的水平上高度显著，也就是说，国有上市公司的成长性显著低于非国有上市公司的成长性。

综合上述结果，我们认为，相比非国有上市公司，国有上市公司面临着更高的风险承担水平和更低的成长性。本部分从单因素方差分析角度初步证明了假设 5.2 的结论是成立的，接下来将采取多元回归分析的方法对此关系进行进一步检验。

（2）国有与非国有上市公司中风险承担与公司成长性的多元回归分析。

为了保证研究结论的稳健性，本部分沿用第 3 章中 3.4 的两种研究方法对不同控制人身份下的两者关系进行检验：

第一种方法是，将研究样本按照实际控制人身份分为两组，一组是具有国有背景的上市公司，另一类是非国有背景的上市公司，使用回归方程（5 - 1）进行分组回归检验，通过比较两组中的 RISK 系数的大小及显著性，判断公司风险承担对不同控制人身份下的公司成长性的影响力大小；

第二种方法是，直接使用回归方程（5 - 2），通过观察方程中交乘项 RISK × SOE 系数的正负性，判定在国有上市公司与非国有上市公司中，公司风险承担对公司成长性的影响是否存在显著不同。

具体回归结果如表 5 - 14 所示。

表 5 - 14　　　国有与非国有上市公司中风险承担对公司成长性的不同影响

因变量	Growth					
	$\|\varepsilon\_ROA\|$			$\sigma(ROA)$		
自变量	模型（1）国有	模型（2）非国有	模型（3）总体	模型（4）国有	模型（5）非国有	模型（6）总体
C	70.1292 * (1.86)	130.7071 (1.65)	183.4391 *** (4.09)	- 96.6219 * (- 1.71)	50.8316 (0.48)	- 26.9626 (- 0.47)
RISK	- 37.0388 *** (- 5.08)	- 26.5231 *** (- 3.44)		- 23.9585 *** (- 2.75)	- 15.7451 (- 1.36)	

续表

因变量	Growth					
	$\lvert \varepsilon\_ROA \rvert$			$\sigma(ROA)$		
自变量	模型（1）国有	模型（2）非国有	模型（3）总体	模型（4）国有	模型（5）非国有	模型（6）总体
RISK × SOE			−26.8068 *** (−4.33)			−21.0732 ** (−2.28)
Fix	−17.6057 *** (−4.13)	−62.4279 *** (−7.98)	−42.4894 *** (−8.29)	−14.7019 *** (−3.53)	−38.7858 ** (−2.50)	−22.1411 *** (−3.63)
LnAsset	2.9065 ** (2.3)	9.3401 ** (2.55)	7.5205 *** (4.54)	2.5703 ** (1.79)	1.3625 (0.30)	3.2504 ** (2.08)
Lev	−5.1260 (−1.23)	−71.9372 *** (−5.21)	−48.3372 *** (−5.68)	−7.2393 (−1.49)	−48.5984 ** (−2.59)	−27.5835 (−2.71)
ROA	437.8265 *** (39.39)	339.6615 *** (15.92)	392.0182 *** (22.90)	440.4338 *** (33.94)	399.2153 *** (15.40)	421.0211 *** (26.84)
Con	−0.0801 (−1.35)	−0.3723 * (−1.67)	−0.2370 ** (−2.32)	0.0105 (0.14)	0.0449 (0.39)	0.0367 (0.52)
LnFirmage	−19.6473 *** (−4.78)	−36.8621 *** (−5.33)	−41.9937 *** (−8.68)	1.5414 (0.28)	−9.8137 (−1.24)	−6.4256 (−1.45)
Boardnum	0.3167 (1.04)	−0.4842 (−0.94)	−0.2031 (−0.67)	−0.1382 (−0.51)	−0.2988 (−0.52)	−0.3186 (−1.12)
Inddummy	Yes	Yes	Yes	Yes	Yes	Yes
Yeardummy	Yes	Yes	Yes	Yes	Yes	Yes
观测值 N	2281	3825	6106	1700	2213	3913
Within − R²	0.6384	0.4289	0.4353	0.7471	0.4763	0.5673

注：（1）圆括号内的数字为对标准误按公司聚类调整后得到的 t 值；

（2）*、**、***分别代表回归结果在10%、5%和1%的水平上双尾显著。

表 5-14 中的模型（1）和模型（2）分别为国有上市公司和非国有上市公司中，公司横向风险承担 $\lvert \varepsilon\_ROA \rvert$ 与公司成长性关系的多元回归分析结果，模型（3）为单独引入横向风险承担与控制人身份虚拟变量的交乘项 $\lvert \varepsilon\_ROA \rvert * SOE$ 后的多元回归分析结果。相应地，模型（4）和模型（5）分别为国有上市公司和非国有上市公司中，公司纵向风险承担 $\sigma(ROA)$ 与公司

成长性关系的多元回归分析结果，模型（6）为单独引入纵向风险承担与控制人身份虚拟变量的交乘项 $\sigma(ROA) \times SOE$ 后的多元回归分析结果。

按照第一种方法，我们首先来比较表 5 - 14 的模型（1）~ 模型（5）中 RISK 的系数符号及大小。四个模型中，RISK 的系数均为负（且基本都通过了显著性检验），再次说明无论是在国有上市公司还是在非国有上市公司中，公司风险承担与公司成长性之间存在着负相关关系。进一步比较模型（1）和模型（2）、模型（4）和模型（5）中 RISK 的系数，可以发现模型（1）和模型（4）中的系数（绝对值）均相应地高于模型（2）和模型（5）中的 RISK 的系数（绝对值），这表明，在其他条件不变的前提下，公司风险承担对公司成长性的负向影响程度，在国有上市公司要比非国有上市公司中表现得更加明显。初步地，我们认为假设 5.2 成立。

按照第二种方法，我们再来观察表 5 - 14 中的模型（3）和模型（6）的交乘项 RISK × SOE 的系数符号。两个模型中，该交乘项的系数均显著为负，也就是说，当样本公司为国有上市公司时（此时 SOE = 1），公司风险承担对公司成长性的负向影响显著提升。通过第二种方法，我们再次验证了假设 5.2 的结论。

综合上述研究结果，我们认为，在其他条件不变的情况下，过度的风险承担对公司成长性的不利影响在国有上市公司中要比在非国有上市公司中表现得更为显著。

5.1.3.3　稳健性检验

为了验证本章研究结论的稳健性，本章在接下来的部分进行了多项稳健性测试。

（1）ROE 衡量的风险承担与公司成长性关系的再次检验。

第 3 章中曾使用 ROE 重新衡量了公司的风险承担水平，出于稳健性考虑，本部分也用 ROE 替代 ROA 重新计算公司的风险承担，分别表示为 $|\varepsilon\_ROE|$（公司横向风险承担）和 $\sigma(ROE)$（公司纵向风险承担），再次检验其与公司成长性之间是否也存在着显著的负相关关系。同时，再次引入公司风险承担与 SOE 的交乘项 RISK × SOE，检验公司风险承担对国有上市公司和非国有

上市公司中的成长性的影响程度是否存在着显著差异。本部分的实证分析仍沿用回归方程（5－1）和方程（5－2）的模式，具体回归结果见表5－15 所示。

表 5－15　　　　　　　　用 ROE 衡量的风险承担与公司成长性的回归结果

因变量	Growth			
自变量	$\lvert\varepsilon\_ROE\rvert$		$\sigma(ROE)$	
	模型（1）	模型（2）	模型（3）	模型（4）
C	197. 2064 *** （4. 34）	189. 1904 *** （4. 21）	－ 23. 3745 （－ 0. 41）	－ 23. 3266 （－ 0. 41）
RISK	－ 63. 7042 *** （－ 4. 05）		－ 22. 2758 （－ 1. 28）	
RISK × SOE		－ 60. 3559 *** （－ 4. 03）		－ 26. 7854 （－ 1. 06）
Fix	－ 41. 9242 *** （－ 8. 14）	－ 41. 8417 *** （－ 8. 13）	－ 22. 3138 *** （－ 3. 60）	－ 22. 3152 *** （－ 3. 67）
LnAsset	6. 9656 *** （4. 15）	7. 1827 *** （4. 32）	3. 1297 ** （2. 02）	3. 1497 ** （2. 02）
Lev	－ 49. 6102 *** （－ 5. 81）	－ 49. 3380 *** （－ 5. 8）	－ 28. 2095 *** （－ 2. 82）	－ 28. 1712 *** （－ 2. 77）
ROA	402. 2246 *** （24. 19）	400. 5635 *** （23. 14）	421. 0302 *** （28. 21）	422. 4375 *** （26. 53）
Con	－ 0. 2380 ** （－ 2. 36）	－ 0. 2508 *** （－ 2. 46）	0. 0366 （0. 53）	0. 0358 （0. 51）
LnFirmage	－ 42. 0727 *** （－ 8. 73）	－ 41. 8204 *** （－ 8. 65）	－ 6. 5094 （－ 1. 47）	－ 6. 6018 （－ 1. 49）
Boardnum	－ 0. 2616 （－ 0. 86）	－ 0. 1965 （－ 0. 65）	－ 0. 2975 （－ 1. 04）	－ 0. 2970 （－ 1. 03）
Inddummy	Yes	Yes	Yes	Yes
Yeardummy	Yes	Yes	Yes	Yes
观测值 N	6106	6106	3913	3913
Within － R^2	0. 4374	0. 4352	0. 5667	0. 5666

注：（1）表中 RISK 代表公司风险承担水平，分别用 $\lvert\varepsilon\_ROE\rvert$ 和 $\sigma(ROE)$ 来表示；

（2）模型（3）和模型（4）中，因变量和控制变量选取的每个观测时段内的年末值；

（3）括号内的数字为对标准误按公司聚类调整后得到的 t 值；

（4）*、**、***分别代表回归结果在10%、5%和1%的水平上双尾显著。

表 5 – 15 中，模型（1）和模型（2）里的 RISK 和 RISK × SOE 的系数分别在 1% 的显著性水平下显著为负，这表明即使使用 ROE 衡量公司风险承担，其与公司成长性之间仍然存在着显著的负相关关系；且相对于非国有上市公司，这种负相关的关系在国有上市公司中表现得更为显著。模型（1）和模型（2）的实证结果再次验证了假设 5.1 和 5.2 的推断。

模型（3）和模型（4）中 RISK 和 RISK × SOE 的系数虽未通过显著性检验，但符号也为负，理论上支持了公司风险承担与公司成长性之间的负相关关系，也支持了国有上市公司中成长性随公司风险承担水平的提高不断减弱的趋势。同时，表 5 – 15 中控制变量的符号和显著性与表 5 – 11 中的控制变量的回归结果基本一致，这里将不再赘述。

（2）Max（ROA）– Min（ROA）衡量的纵向风险承担与公司成长性关系检验。

这部分稳健性检验中，我们使用每个观测区间内（三年）ROA 最大值与最小值之差 Max（ROA）– Min（ROA）表示公司纵向风险承担，对公司成长性与公司风险承担之间的关系再次进行检验。其中，因变量和控制变量选取每个观测时段内（三年）最后一年的年末值，回归分析结果见表 5 – 16 所示。其中，模型（1）和模型（2）分别为固定效应模型和混合最小二乘法下，公司纵向风险承担与公司成长性的多元回归结果；模型（3）为引入公司风险与控制人身份的交乘项 RISK × SOE 的固定效应模型下的多元回归分析结果。

表 5 – 16　　　　　　用 Max（ROA）– Min（ROA）衡量的纵向风险
承担与公司成长性的回归结果

因变量	Growth		
自变量	Max（ROA）– Min（ROA）		
	模型（1） FE	模型（2） OLS	模型（3） FE
C	247.2715 *** (2.68)	– 35.0442 (– 1.26)	250.6537 *** (2.68)

续表

因变量	Growth		
	Max（ROA）- Min（ROA）		
自变量	模型（1） FE	模型（2） OLS	模型（3） FE
RISK	- 19. 4199 *** （- 3. 09）	- 16. 1034 *** （- 3. 62）	
RISK × SOE			- 9. 7734 ** （- 1. 96）
Fix	- 28. 1510 *** （- 5. 05）	- 50. 3173 *** （- 9. 77）	- 29. 0803 *** （- 5. 13）
LnAsset	8. 2819 *** （3. 19）	5. 0830 *** （3. 75）	8. 0694 *** （3. 05）
Lev	- 41. 3205 *** （- 3. 14）	- 75. 4807 *** （- 8. 33）	- 41. 5033 *** （- 3. 12）
ROA	394. 5458 *** （14. 17）	345. 5695 *** （19. 56）	398. 4957 *** （13. 69）
Con	- 0. 2629 ** （- 2. 55）	- 0. 0291 （- 0. 59）	- 0. 2541 *** （- 2. 42）
LnFirmage	- 52. 6596 *** （- 7. 17）	- 5. 9541 *** （- 2. 78）	- 52. 8109 *** （- 7. 14）
Boardnum	- 0. 1802 （- 0. 47）	- 0. 9526 ** （- 2. 08）	- 0. 0949 （- 0. 24）
Inddummy	Yes	Yes	Yes
Yeardummy	Yes	Yes	Yes
观测值 N	3913	3913	3913
Within - R^2/ Adujst - R^2	0. 3717	0. 4366	0. 3690

注：（1）括号内的数字为对标准误按公司聚类调整后得到的 t 值；

（2）*、**、***分别代表回归结果在 10%、5% 和 1% 的水平上双尾显著；

（3）模型（1）和模型（3）对应的是 Within - R^2，模型（2）对应的是 Adujst - R^2。

表 5 - 16 中模型（1）和模型（2）中的回归结果显示，RISK 的系数在 1% 的水平下均显著为负，说明用 Max（ROA）- Min（ROA）衡量的公司纵向风险承担对公司成长性有着显著的负向影响。也就是说，观测时段内公司

业绩波动的幅度越大，越不利于公司当期的成长和发展，假设 5.1 再次得证。

同时，模型（3）中交乘项 RISK×SOE 的系数显著为负，说明公司纵向风险承担对公司成长性的负向影响因控制人身份的不同而存在显著差异，相比非国有上市公司，国有上市公司的纵向风险承担对公司成长性的负向影响更为显著，假设 5.2 也再次得证。

（3）对因变量和控制变量选值方式的重新考虑。

本章 5.1.3.1 部分在对公司纵向风险承担与公司成长性进行多元回归分析时，因变量和控制变量使用的是每个观测时段内（三年）最后一年的年末值。为了防止变量选值方式可能存在的问题而导致回归结果出现偏误，本节再次使用因变量和控制变量在每个观测时段内（三年）的均值，利用固定效应模型和最小二乘法重新对公司纵向风险承担与公司成长性之间的关系进行检验。具体回归结果见表 5-17。

表 5-17　　　改变变量选值方式后纵向风险承担与公司成长性的回归结果

因变量	Growth		
自变量	模型（1） FE	模型（2） OLS	模型（3） FE
C	191.8001 *** （2.66）	−45.9980 ** （−2.16）	72.8634 *** （2.62）
$\sigma(ROA)$	−25.3494 *** （−5.25）	−22.2213 *** （−3.72）	
$\sigma(ROA) \times SOE$			−15.7197 ** （−2.44）
Fix	−24.3364 *** （−3.81）	−28.7709 *** （−6.86）	−25.0291 *** （−3.83）
LnAsset	0.0233 （0.01）	3.0994 *** （3.03）	−0.0074 （0.00）
Lev	−22.5330 * （−1.83）	−44.8304 *** （−5.74）	−22.8577 * −1.85
ROA	420.6803 *** （26.40）	366.7430 *** （25.21）	431.0664 *** （25.1）

续表

因变量	Growth		
自变量	模型（1） FE	模型（2） OLS	模型（3） FE
Con	-0.1098 (-1.00)	0.0083 (0.23)	-0.10653 (-0.96)
LnFirmage	-23.5864*** (-4.82)	-2.2094 (-1.14)	-23.5923*** (-4.78)
Boardnum	-0.1763 (-0.54)	-0.6711* (-1.88)	-0.11051 (-0.32)
Inddummy	Yes	Yes	Yes
Yeardummy	Yes	Yes	Yes
观测值 N	3913	3913	3913
Within - R^2/ Adujst - R^2	0.5086	0.5164	0.5044

注：（1）除纵向风险承担水平外，各变量的值使用的都是每个观测时段内（三年）的均值；
（2）括号内的数字为对标准误按公司聚类调整后得到的 t 值；
（3）*、**、*** 分别代表回归结果在 10%、5% 和 1% 的水平上双尾显著；
（4）模型（1）和模型（3）对应的是 Within - R^2，模型（2）对应的是 Adjust - R^2。

在使用因变量和控制变量的每个观测时段内的三年均值后，模型（1）和模型（2）中 $\sigma(ROE)$ 的系数仍然在 1% 的显著性水平下为负，说明即使改变变量的选值方式，公司纵向风险承担与成长性之间的仍然具有稳定且显著的负相关关系。同时，模型（3）中 $\sigma(ROE) \times SOE$ 的系数也同样显著为负，再次表明，风险承担对公司成长性的负向影响，在国有背景的上市公司中要比在非国有背景的上市公司中表现得更为明显。表 4 - 17 中所得结果表明变量的选值方式并不影响本章结论的稳健性。

（4）不同行业下的公司风险承担与公司成长性关系研究。

谢军（2005，2006）的研究曾提到，由于不同行业受到宏微观经济影响的程度不同，上市公司所处的行业对公司成长性也有显著的影响，即公司成长性往往表现出显著的行业效应。借鉴谢军（2005，2006）的研究，本节进一步研究，不同行业下样本公司风险承担与公司成长性之间是否仍然存在着稳定的负相关关系？也就是说，公司风险承担对公司成长性的影响是否也存在着显著的行业效应？

本章采用证监会《上市公司行业分类指引》公布的行业分类方法对样本公司行业进行分类，在剔除金融服务业后，最终得到 12 个行业。不同行业下样本公司成长性的描述性统计如表 5 – 18 所示。

表 5 – 18　　　　　　　　　不同行业下的公司成长性描述性统计

行业代码	N	均值	最小值	最大值	25%分位数	中值	75%分位数	标准差
A	116	– 10. 1128	– 125. 8525	114. 8179	– 26. 6358	– 17. 7147	0. 2139	34. 0879
B	91	16. 6341	– 58. 5562	537. 7379	– 15. 5103	3. 4972	26. 1900	70. 6061
C	4094	0. 0721	– 261. 4690	768. 3163	– 21. 5110	– 7. 4855	12. 4226	42. 8845
D	134	– 21. 1048	– 116. 5453	92. 4290	– 35. 7342	– 25. 7107	– 8. 0374	25. 3933
E	112	– 5. 7523	– 105. 3173	105. 8500	– 23. 2006	– 10. 5131	5. 0907	29. 2625
F	169	– 1. 8422	– 110. 3207	350. 3475	– 22. 2842	– 13. 3805	6. 6960	48. 9141
G	540	16. 4834	– 179. 0272	380. 6854	– 12. 9253	4. 3260	31. 4204	51. 7417
H	262	2. 9028	– 72. 3312	697. 3088	– 16. 7692	– 0. 9778	13. 1081	53. 5206
J	226	– 17. 1205	– 374. 2290	79. 4687	– 28. 6381	– 15. 8077	– 4. 5243	30. 7840
K	211	– 6. 2085	– 209. 5943	134. 2797	– 24. 2040	– 11. 0799	8. 8230	31. 5350
L	39	13. 7692	– 53. 1441	285. 4344	– 15. 6667	– 3. 0207	20. 7939	62. 5454
M	112	– 16. 7087	– 67. 5242	59. 4178	– 30. 2292	– 21. 6369	– 8. 2592	20. 2914
Total	6106	0. 0000	– 374. 2290	768. 3163	– 21. 9661	– 7. 8171	12. 2012	44. 0803

注：表中行业代码字母分别代表：A 农林牧渔业、B 采掘业、C 制造业、D 电力煤气及水的生产和供应业、E 建筑业、F 交通运输仓储业、G 信息技术业、H 批发和零售贸易、J 房地产业、K 社会服务业、L 传播与文化产业和 M 综合类。

通过比较各个行业的均值、最大值、最小值等指标，可以看到，不同的行业中的公司所表现出来的成长性差异较大。同时，进一步对各行业的样本观测值数目进行观察可以发现，表 5 – 18 中制造行业的公司观测值最多，为 4094 条，占样本公司总数的 67.05%。为了避免对比样本公司数目的严重失衡对回归结果产生的干扰，本部分将总体样本公司仅划分为制造业和非制造业两大类，比较这两大类行业中的公司风险承担与公司成长性之间的关系是否存在显著不同。表 5 - 19 为制造业与非制造业下与公司风险承担水平与公司成长性的均值差异性检验结果。

表 5 - 19 制造业与非制造业上市公司风险承担、公司成长性均值的差异性检验

变量	制造业（Ind = 1)		非制造业（Ind = 0)		均值差异性检验
	样本数	均值	样本数	均值	t 值
$|\varepsilon\_ROA|$	4094	0.0679	2012	0.0691	- 0.5432
$\sigma(ROA)$	2505	0.0429	1408	0.0403	1.1677
Growth	4094	- 0.0721	2012	- 0.1467	0.1822

注：（1）横向风险承担水平下制造企业观测值为 4094 条，非制造企业的观测值为 2012 条，共计 6106 条观测值；

（2）纵向风险承担水平下制造企业观测值为 2594 条，非制造企业的观测值为 1319 条，共计 3913 条观测值；

（3）公司成长性的统计性描述对应的观测值为 6106 条。

从表 5 - 19 的检验结果来看，制造业与非制造业上市公司在横向、纵向风险承担水平以及公司成长性这三项均值上均表现出一定水平的差异，但均未通过显著性检验。因此，关于两类行业中的上市公司的风险承担对公司成长性的影响是否存在显著差异还需通过实证的方法进一步检验。

该部分实证分析所使用的回归方程如（5 - 5）所示：

$$Growth_{it} = \eta_0 + \eta_1 RISK_{it}(or RISK_{it} \times Ind_{it}) + \eta_2 Fix_{it} + \eta_3 LnAsset_{it}$$
$$+ \eta_4 Lev_{it} + \eta_5 ROA_{it} + \eta_6 Con_{it} + \eta_7 LnFirmage_{it}$$
$$+ \eta_8 Boardnum_{it} + \sum_{j=1}^{10} \eta_{8+j} Yeardummy + \zeta_{it} \qquad (5 - 5)$$

其中，RISK 代表公司风险承担水平，分别用 $|\varepsilon\_ROA|$ 和 $\sigma(ROA)$ 表示。Ind 为公司所属行业的虚拟变量，当样本公司属于制造行业时，Ind 取 1，否取 0。具体回归结果见表 5 - 20 所示。

表 5 – 20　　　　　制造业与非制造业上市公司风险承担与公司成长性的回归结果

因变量	Growth					
	$\mid \varepsilon\_ROA \mid$			$\sigma(ROA)$		
自变量	模型（1）制造业	模型（2）非制造业	模型（3）总体	模型（4）制造业	模型（5）非制造业	模型（6）总体
C	185.3501 *** (3.48)	279.1917 *** (2.73)	187.4871 *** (4.19)	18.7914 *** (0.26)	– 65.8323 （– 0.62）	– 19.7192 （– 0.35）
RISK	– 30.7574 *** （– 4.69）	– 38.2213 *** （– 2.77）		– 23.5632 *** （– 3.00）	– 12.7616 （– 1.23）	
RISK * Ind			– 29.5749 *** （– 4.50）			– 23.8180 *** （– 2.99）
Fix	– 53.7921 *** （– 10.4）	– 27.2800 *** （– 3.05）	– 42.5024 *** （– 8.52）	– 32.0130 *** （– 2.79）	– 13.2171 *** （– 2.68）	– 22.6692 *** （– 3.80）
LnAsset	5.7424 *** (2.81)	8.5975 *** (3.01)	7.3191 *** (4.53)	0.8562 (0.36)	5.6938 ** (2.42)	3.0508 ** (2.02)
Lev	– 50.3577 *** （– 4.51）	– 37.9332 *** （– 3.39）	– 47.8103 *** （– 5.61）	– 32.4667 ** （– 2.21）	– 18.0609 ** （– 2.42）	– 27.2730 *** （– 2.65）
ROA	375.1676 *** (21.78)	385.0121 *** (16.47)	386.5621 *** (22.53)	414.3866 *** (20.76)	421.7035 *** (25.05)	418.2557 *** (28.09)
Con	– 0.0266 （– 0.27）	– 0.5518 ** （– 2.39）	– 0.2384 ** （– 2.34）	0.1212 (1.28)	– 0.0884 （– 0.86）	0.0359 (0.51)
LnFirmage	– 38.2331 *** （– 8.58）	– 55.8481 *** （– 4.36）	– 41.8322 *** （– 8.71）	– 5.4233 （– 1.38）	– 8.0888 （– 0.72）	– 6.7293 （– 1.53）
Boardnum	– 0.3530 （– 1.04）	0.0792 (0.13)	– 0.2451 （– 0.84）	– 0.2154 （– 0.65）	– 0.6756 （– 1.34）	– 0.3153 （– 1.14）
Yeardummy	Yes	Yes	Yes	Yes	Yes	Yes
观测值 N	4094	2012	6106	2593	1320	3913
Within – R^2	0.5023	0.3490	0.4366	0.5640	0.6000	0.5681

　　注：（1）模型（4）~模型（6）中，因变量和控制变量使用的都是每个观测时段内（三年）的最后一年年末值；

　　（2）括号内的数字为对标准误按公司聚类调整后得到的 t 值；

　　（3）*、**、*** 分别代表回归结果在10%、5%和1%的水平上双尾显著。

　　表5 – 20分别考虑了不同行业中风险承担与公司成长性关系的多元回归结果。其中，模型（1）~模型（3）中的自变量使用的是公司横向风险承担

$\left| \varepsilon\_ROA \right|$；模型（4）~ 模型（6）中的自变量使用的是公司纵向风险承担 $\sigma(ROA)$。

表 5 - 20 的模型（1）和模型（2）中，RISK 的系数均在 1% 的水平下显著为负，说明无论是在制造业还是非制造业中，公司横向风险承担与公司成长性均表现出稳定的负相关关系；模型（4）和模型（5）中，RISK 的系数也均为负（但只有模型（4）中通过了显著性检验），再次说明公司纵向风险承担与公司成长性之间也存在着一定的负相关关系。模型（3）和模型（6）在单独引入风险与行业属性的交乘项 RISK × Ind 后，其系数均在 1% 的水平上显著为负。该结果表明，相比非制造业，制造业行业中公司风险承担对公司成长性的负向影响要更加显著。笔者认为，制造业类上市公司的成长性之所以会对公司风险更加敏感，一方面可能是因为制造业类的上市公司中，国有上市公司居多，而本章之前已经证明了国有上市公司的成长性对公司风险承担水平的敏感性更高，成长性表现得更差；另一方面可能是因为，制造业由于规模大、生产周期长等原因，相比非制造业需要更加稳定的生产经营才能在未来获得更好的成长，而频繁的业绩波动对自身成长的影响将更为不利。

综合表 5 - 20 的结果，我们认为，公司风险承担与公司成长性之间的负相关关系是稳定的，并未因行业属性的不同而发生实质性改变；同时，由于行业规模和控制人身份等原因，风险承担对公司成长性的负向影响，在制造业类上市公司中要比在非制造业上市公司中表现得更为严重。

5.2　CEO 权力、投资者保护与公司成长性关系研究

5.2.1　理论分析和研究假设

本书第 3 章和第 4 章的研究结论显示，CEO 权力越大，带来的诸如内部

人控制、董事会监督弱化、个人决策替代组织决策等公司内部治理问题越严重，公司业绩波动越大，公司面临的风险承担水平也越高；公司外部治理机制——投资者保护水平的提高，不仅能够提高公司信息的透明度，还能够抑制 CEO 权力的过度膨胀和滥用，从而显著降低公司风险承担水平。进一步，本章 5.1 部分的研究揭示，公司风险承担与公司成长性之间存在着显著的负相关关系，公司的风险承担水平越高，公司成长性越差，反之，公司成长性越好。

受上述三章研究结论的启示，本部分将对如下问题展开进一步的研究和检验：

（1）内部治理机制——CEO 的高度集权导致公司面临较高的风险承担水平，而较高的公司风险承担水平又会妨碍公司的成长，那么 CEO 集权能否直接影响公司的成长性呢？

（2）外部治理机制——投资者保护通过抑制 CEO 权力，对过度的公司风险承担起到显著的调节作用，而公司风险承担水平的下降能够有效降低对公司成长性的不利影响，那么投资者保护程度的提高能否直接影响公司的成长性呢？

（3）进一步，相比非国有上市公司，国有上市公司中成长性受公司风险承担水平的影响更为明显，那么 CEO 权力、投资者保护对公司成长性的影响在国有上市公司中是否也同样会更加显著？

基于上述思考，本节将进一步研究 CEO 权力、投资者保护与公司成长性之间的相关关系，以及这种相关关系的强弱是否会因公司实际控制人身份的不同而不同。针对上述问题，这里提出两个假设，分别为假设 5.3 和假设 5.4，且每一个假设中都包含两个对立性假设，具体内容如下所示：

假设 5.3a：CEO 权力、投资者保护机制能够直接对公司成长性产生影响，即 CEO 权力越大，公司成长性越差；而投资者保护水平越高，公司成长性越好。

假设 5.3b：CEO 权力、投资者保护机制不能直接对公司成长性产生影

响，只能是通过影响公司风险承担而间接发挥作用。

假设 **5.4a**：公司成长性在国有和非国有上市公司中表现出来的差异，不仅是由公司风险承担水平的高低决定的，CEO 权力和投资者保护机制也同样能够直接发挥作用。

假设 **5.4b**：公司成长性在国有和非国有上市公司中表现出来的差异，仅是由公司风险承担水平的差异决定的，CEO 权力和投资者保护机制并不能直接发挥作用，只能是通过影响公司风险承担而间接发挥作用。

5.2.2　研究设计

5.2.2.1　样本选择与数据来源

本节研究所使用的样本与上一节中的样本仍然保持一致，即深交所 2011 年 12 月 31 日前上市的 1079 家 A 股公司，研究期间为 2003 ～ 2013 年，样本观测值总计 6106 条。

本节所使用的数据包括 CEO 权力数据、投资者保护数据、公司财务数据等。CEO 权力和投资者保护的数据来源见第 3 章中样本选择与数据来源部分的相关内容；公司成长性的相关数据来源于 CSMAR 数据库和 Wind 数据库。本节的多元回归分析仍然使用了 Stata12.0 统计软件。

5.2.2.2　变量选取与模型设定

（1）变量选取。

本节将对 CEO 权力、投资者保护与公司成长性之间的关系，以及在不同的控制人身份下三者关系的强弱是否存在不同展开实证分析。研究中涉及的因变量为公司成长性，自变量为 CEO 权力和投资者保护，各变量的选取方法见第 3、4、5 章相关内容，这里不再赘述。选取的控制变量包括：公司规模（LnAsset）、固定资产比率（Fix）、财务杠杆（Lev）、盈利能力（ROA）、股权集中度（Con）、董事会规模（Boardnum）、公司年龄（Lnfirmage）、公司实际控制人身份的虚拟变量（SOE）、行业虚拟变量（Inddummy）和年份虚拟变量（Yeardummy）。

（2）模型设定。

本部分实证分析所要使用的回归方程如下所示：

$$
\begin{aligned}
Growth_{it} =\ & \lambda_0 + \lambda_1 Power_{it} + (\lambda_2 Protect_{it}) + (\lambda_3 Power_{it} \times Protect_{it}) + \lambda_4 Fix_{it} \\
& + \lambda_5 LnAsset_{it} + \lambda_6 Lev_{it} + \lambda_7 ROA_{it} + \lambda_8 Con_{it} + \lambda_9 LnFirmage_{it} \\
& + \lambda_{10} Boardnum_{it} + \sum_{m=1}^{11} \lambda_{10+m} Inddummy \\
& + \sum_{j=1}^{10} \lambda_{21+j} Yeardummy + \delta_{it} \qquad\qquad (5-6)
\end{aligned}
$$

$$
\begin{aligned}
Growth_{it} =\ & \theta_0 + \theta_1 Power_{it} + \theta_2 Power_{it} \times SOE_{it} + (\theta_3 Protect_{it} + \theta_4 Power_{it} \times \\
& SOE_{it} \times Protect_{it}) + \theta_5 Fix_{it} + \theta_6 LnAsset_{it} + \theta_7 Lev_{it} \\
& + \theta_8 ROA_{it} + \theta_9 Con_{it} + \theta_{10} LnFirmage_{it} + \theta_{11} Boardnum_{it} \\
& + \sum_{m=1}^{11} \theta_{11+m} Inddummy + \sum_{j=1}^{10} \theta_{22+j} Yeardummy + \psi_{it} \qquad (5-7)
\end{aligned}
$$

回归方程（5-6）中的（$\lambda_2 protect_{it}$）和（$\lambda_3 Power_{it} \times Protect_{it}$）表示在回归过程中，这两个变量将被依次引入方程。类似地，回归方程（5-7）中的（$\theta_3 protect_{it} + \theta_4 Power_{it} \times SOE_{it} \times Protect_{it}$）也是如此。

5.2.3　实证结果

（1）CEO权力、投资者保护与公司成长性的多元回归分析。

表5-21为CEO权力、投资者保护与公司成长性的回归分析结果。其中，模型（1）仅检验了CEO权力Power与公司成长性Growth之间是否存在直接的相关关系，模型（2）和模型（3）在模型（1）的基础上依次引入了投资者保护变量Protect和CEO权力与投资者保护的交乘项Power×Protect，进一步检验外部投资者保护机制对公司成长性的影响。模型（1）～模型（3）使用的估计方法仍然是面板数据的固定效应模型，为了防止可能存在的异方

差与自相关问题，仍使用了聚类稳健标准误（Cluster）对回归结果进行修正，修正后的结果如表 5 - 21 所示。

表 5 - 21　　　　　CEO 权力、投资者保护与公司成长性的回归结果

因变量	Growth		
自变量	模型（1）	模型（2）	模型（3）
C	185. 9883 ***	185. 1985 ***	185. 6060 ***
	(4. 12)	(4. 12)	(4. 13)
Power	- 0. 0838	- 0. 0752	- 0. 1980
	(- 0. 21)	(- 0. 19)	(- 0. 28)
Protect		1. 3977	1. 1401
		(1. 63)	(0. 75)
Power × Protect			0. 0675
			(0. 22)
Fix	- 42. 3491 ***	- 42. 7324 ***	- 42. 7064 ***
	(- 8. 23)	(- 8. 37)	(- 8. 38)
LnAsset	7. 3300 ***	7. 2987 ***	7. 2955 ***
	(4. 40)	(4. 37)	(4. 37)
Lev	- 48. 5400 ***	- 48. 2531 ***	- 48. 2017 ***
	(- 5. 69)	(- 5. 72)	(- 5. 68)
ROA	394. 2083 ***	392. 8578 ***	392. 8109 ***
	(22. 57)	(22. 16)	(22. 16)
Con	- 0. 2348 **	- 0. 2377 **	- 0. 2378 **
	(- 2. 28)	(- 2. 31)	(- 2. 31)
LnFirmage	- 41. 9040 ***	- 41. 8309 ***	- 41. 8137 ***
	(- 8. 68)	(- 8. 65)	(- 8. 67)
Boardnum	- 0. 1720	- 0. 1868	- 0. 1866
	(- 0. 56)	(- 0. 60)	(- 0. 60)
Inddummy	Yes	Yes	Yes
Yeardummy	Yes	Yes	Yes
观测值 N	6106	6106	6106
Within - R^2	0. 4341	0. 4343	0. 4343

注：（1）圆括号中为对标准误按公司聚类调整后得到的 t 值；
（2）*、**、*** 分别代表回归结果在 10% 、5% 和 1% 的水平上双尾显著。

表5-21中，模型（1）～模型（3）中 Power 的系数符号均为负，模型
（2）和模型（3）中 Protect 的系数符号均为正，同时，模型（3）中二者交
乘项 Power × Protect 的系数符号也为正。单纯从三个模型中系数符号的正负性
上考虑，可以认为，CEO 权力与公司成长性负相关，投资者保护与公司成长
性正相关，也就是说，CEO 权力越大，公司成长性越差，而外部投资者保护
程度越高，公司成长性越好。但是，Power、Protect 及 Power * Protect 的系数无
一通过显著性检验，也就是说，CEO 权力、投资者保护与公司成长性之间上述
的相关关系在统计意义上并不成立。就此，结合假设3.1a、4.1 和5.1 的结论，
我们可以认为：CEO 权力、投资者保护机制并不能直接对公司成长性产生影
响，只能是通过影响公司风险承担水平而间接发挥作用，假设5.3b 得证。

（2）国有与非国有上市公司中 CEO 权力、投资者保护与公司成长性关系
研究。

表5-22 为国有与非国有上市公司中 CEO 权力、投资者保护与公司成长
性的多元回归分析结果。其中，模型（1）检验了国有上市公司与非国有上
市公司中内部治理机制——CEO 权力与公司成长性之间是否存在更为直接
的、显著的相关关系；模型（2）在模型（1）的基础上引入了投资者保护变
量 Protect 和 CEO 权力、投资者保护与控制人身份的交乘项 Power * SOE * Pro-
tect，进一步检验外部治理机制—投资者保护对公司成长性的影响强度是否会
因控制人身份的不同而不同。

表5-22　　　　国有与非国有上市公司中 CEO 权力、投资者
保护与公司成长性的回归结果

因变量	Growth	
自变量	模型（1）	模型（2）
C	183.1000 *** (4.04)	181.9206 *** (4.04)
Power	−0.3730 (−0.69)	−0.3947 (−0.73)

因变量	Growth	
自变量	模型（1）	模型（2）
Power * SOE	−1.2831 （−1.55）	−1.1031 （−1.13）
Protect		1.6530 （1.39）
Power × SOE × Protect		0.1532 （0.49）
Fix	−42.5561*** （−8.28）	−42.9525*** （−8.42）
LnAsset	7.4381*** （4.45）	7.4000*** （4.40）
Lev	−48.7187*** （−5.71）	−48.4247*** （−5.74）
ROA	393.8415*** （22.46）	392.3916*** （21.96）
Con	−0.2338** （−2.28）	−0.2383** （−2.32）
LnFirmage	−41.7610*** （−8.65）	−41.6988*** （−8.63）
Boardnum	−0.1902 （−0.62）	−0.2056 （−0.67）
Inddummy	Yes	Yes
Yeardummy	Yes	Yes
观测值 N	6106	6106
Within − R^2	0.4344	0.4346

注：（1）圆括号中为对标准误按公司聚类调整后得到的 t 值；
（2）*、**、*** 分别代表回归结果在 10%、5% 和 1% 的水平上双尾显著。

表5-22中，模型（1）中的主要解释变量 Power 和 Power × SOE 的系数符号均为负，但不显著，仅从系数符号上可以认为，CEO 权力越大，对公司成长性越不利，而且这种不利影响在国有上市公司中表现得更加强烈；模型（2）中这两个解释变量的系数符号依旧为负且不显著，同时，Protect 和 Power＊SOE＊Protect 的系数符号均为正且不显著，单纯从系数符号上可以认为，投资者保护程度越高，公司成长性表现得越好，而且投资者保护对于公司成长性的这种积极作用在国有上市公司中表现得更强。

上述论断只是基于各变量系数符号的角度而得出的，由于这四个变量的系数均未通过显著性检验，因此上述论断在统计意义上并不成立。结合假设3.2、假设4.3 和假设5.2 的结论我们认为，公司成长性在国有和非国有上市公司中表现出来的差异，很可能只是由公司风险承担水平的高低决定的，CEO 权力和投资者保护并不能直接发挥作用，而只能是通过影响公司风险承担水平而间接发挥作用，假设5.4b 得证。

需要注意的是，关于 CEO 权力、投资者保护与公司成长性之间的关系的相关研究几乎未见，同时，公司成长性还可能受到来自市场层面和社会层面等众多因素的影响，因此，本书关于三者之间关系的研究结论是否稳健还有待于今后继续深入研究。

5.3 本 章 小 结

本章以我国深交所 2011 年 12 月 31 日前上市的 A 股公司 2003～2013 年的数据为研究样本，对公司风险承担水平与公司成长性之间的关系进行了实证检验。同时，为了检验 CEO 权力、投资者保护是否能够直接影响公司成长性，本章在进一步研究中对三者之间的关系进行了深入检验。本章研究结果发现：

（1）无论是从公司横向风险承担还是从纵向风险承担角度出发，公司风险承担与公司成长性都呈现出显著的负相关关系，即公司风险承担水平越高，对公司成长性越不利。

（2）从上市公司实际控制人身份的角度进一步研究发现，相对于非国有背景的上市公司，国有背景的上市公司由于"所有者缺位"和"内部人控制"问题严重，公司内部治理机制更加薄弱，因此往往面临着更高的风险承担水平，公司的成长性往往也因此而表现得更差。

（3）为了验证上述实证结果的稳定性，本章从四个方面对公司风险承担与公司成长性之间的关系进行了稳健性检验。

第一，在第一项稳健性检验中，我们使用了公司财务业绩指标 ROE 重新衡量公司风险承担，将其与公司成长性再次进行回归分析，所得结论与模型（1）和模型（2）中的结论相同，假设 5.1 和假设 5.2 的推断得到验证。

第二，在第二项稳健性检验中，我们使用了每个观测区间（三年）内 ROA 的最大值与最小值之差来重新衡量公司纵向风险承担，研究其与公司成长性之间的关系，所得结论仍然支持假设 5.1 和 5.2 的推断。

第三，为了避免变量选值方式可能存在的问题而导致回归结果出现偏误，在第三项稳健性检验中，我们使用了被解释变量和控制变量在每个观测时段内（三年）的均值，重新对纵向风险承担与公司成长性之间的关系进行回归分析，所得结果仍然稳健。

第四，为了验证公司风险承担与公司成长性之间的关系是否存在行业效应，本章将样本公司划分为制造业和非制造业两大类。经过实证检验发现，无论是在制造业还是在非制造业，较高的公司风险承担水平都会不利于公司成长。也就是说，公司所属行业类型并不会改变公司风险承担与公司成长性之间的关系，二者之间的负相关关系是稳定的。同时，该项稳健性检验还进一步发现，相比非制造业企业，制造业中较高的风险承担水平对公司成长性影响更为不利。

（4）结合第 3 章、第 4 章以及第 5 章的研究结论，本章在最后一部分内容中进一步检验了公司内外部治理机制——CEO 权力和投资者保护与公司成长性之间的关系。经实证研究我们认为，CEO 权力、投资者保护对公司成长性并不能直接产生影响，只能通过影响公司风险承担水平而间接发挥作用。同时，公司成长性在国有和非国有上市公司中表现出来的差异，仅是由公司风险承担水平的差异决定的，CEO 权力和投资者保护只能是通过影响公司风险承担水平而间接发挥作用。

6 结论与政策建议

6.1 研 究 结 论

本书以我国深交所 2011 年 12 月 31 日前上市的 1079 家公司为研究对象，基于投资者保护机制的调节效应的视角，研究了 CEO 权力、风险承担水平及公司成长性三者之间的关系及作用机理。通过研究，获得如下结论：

（1）CEO 权力越大，公司风险承担水平越高。

本书使用公司财务指标 ROA 的横向离散度和纵向波动性，分别衡量公司的横向风险承担水平和纵向风险承担水平，并以描述 CEO 权力维度的八个虚拟变量之和作为 CEO 权力的衡量指标，基于非平衡面板数据的实证研究发现：在我国，上市公司 CEO 权力越大，公司业绩的横向离散度和纵向波动性越大，相应地，公司风险承担水平也越高。该结论表明，我国上市公司 CEO 权力与公司风险承担的关系符合行为决策理论关于"个人决策与公司极端业绩"关系的推论。

（2）相比于非国有上市公司，国有上市公司 CEO 权力对公司风险承担的影响更加显著。

在我国，国有上市公司中"一股独大"和"所有者缺位"现象突出，尤其是 20 世纪 80 年代初国有企业实施放权让利改革以来，以 CEO 为代表的高管层的权力得到空前加强，但其决策行为受到的监管力度却更小。因此，相对非国有上市公司，国有上市公司的治理问题更严重，CEO 高度集权引发的公司风险承担水平也更大。

（3）投资者保护程度的提高，能够显著降低公司风险承担水平。

投资者保护机制能够显著调节公司的风险承担水平，且投资者保护水平越高，公司风险承担水平越低。投资者保护的这种调节作用可以从两个方面来解释，一方面，投资者保护的最大功能就是降低公司内部的信息不对称问题，稳定投资者信心，从而显著地提升经营业绩并降低经营风险；另一方面，投资者保护程度的提高，能够使企业的经营决策置于大众的有效监督之下，特别是公司 CEO 的决策行为能够被及时跟踪和调查，因此其决策将更加稳健、慎重，特别是无效投融资行为以及谋求私利的败德行为将大大减少，公司的经营风险也将随之大幅度降低。

（4）相比于非国有上市公司，国有上市公司中投资者保护水平的提高对于公司风险承担行为具有更加显著的负向调节作用。

投资者保护能够对大股东和管理层起到有效的监督作用，特别是，国有上市公司中对 CEO 权力长期缺乏有效监督的局面将随着投资者保护水平的提高而得到更加显著地改善。因此，相比非国有上市公司，投资者保护程度的提高对公司风险承担水平的负向调节作用在国有上市公司中表现得更为显著。

（5）公司风险承担水平越高，公司成长性越差。

本书尝试性地对公司风险承担与公司成长性的关系进行了实证研究，发现：无论是从横向风险承担还是从纵向风险承担角度出发，公司风险承担对公司成长性都表现出显著拖累效应，即公司风险承担水平越高，相应地公司成长性越差。

（6）相比于非国有上市公司，国有上市公司中风险承担水平对公司成长性的负向影响更加显著。

相对于非国有上市公司，国有上市公司管理者代理问题更为严重，由此导致的内部腐败现象既增加了公司运营的成本，又破坏了公司内部成长环境，因而可能造成了公司经营业绩不确定性的加大以及公司成长性的削弱。本书通过实证检验发现，相比于非国有上市公司，国有上市公司中的风险承担水平对公司的成长性的负向影响确实更加显著。进一步，本书还发现，制造业企业一般规模大、生产周期长，往往需要更加稳定的生产经营才能在未来获得更好的成长，而频繁的业绩波动对于自身成长的影响更为不利，因此，相比非制造业企业，制造业中较高的风险承担水平对公司成长性影响也更为不利。

（7）CEO 权力、投资者保护与公司成长性之间是并不存在直接的、显著的相关关系，而是通过影响公司风险承担水平间接地对公司成长性发挥作用。

本书在最后一部分实证中对 CEO 权力、投资者保护与公司成长性之间的相关关系进行了检验。检验结果发现：CEO 权力、投资者保护水平并不能直接对公司成长性产生影响，只能是通过影响公司风险承担水平而间接发挥作用。同时，公司成长性在国有和非国有上市公司中表现出来的差异，也仅是由公司风险承担水平的差异决定的，CEO 权力和投资者保护并不能直接发挥作用。

6.2　政　策　建　议

6.2.1　加强对 CEO 权力的制衡

本书的研究结论表明：CEO 权力越大，公司风险承担水平越高，而较高的公司风险承担又不利于公司的成长；相对于非国有上市公司，CEO 集权引发的过度的公司风险承担和成长性下降问题在国有上市公司中更加严重。因此，为了合理控制公司风险承担水平，实现公司健康成长，必须有效制约上市公司尤其是国有上市公司 CEO 高度集权问题，加强对 CEO 权力的制衡。具体可以从以下方面展开：

第一，加强监事会对 CEO 及其他高管人员的监督力度，防止个人权力的膨胀和滥用，进一步发挥董事会在公司决策过程中的事前提议、事中监督和事后考核的作用，最终形成一套完善、高效的高管权力监督机制。

第二，将上市公司尤其是国有上市公司 CEO 与董事长、副董事长、董事及其他职位分任，避免两职合一或多职合一，提高董事会的独立性和监督作用，从根本上实现对 CEO 权力的制衡，降低 CEO 盲目决策可能引发的风险。

第三，规范提名委员会对高管人员的提名，避免公司高管层出现"内部人控制"和"董事会—高管串谋"现象，降低股东与管理者之间的委托—代理风险。

第四，充分发挥独立董事在公司治理中的独立性和监督权，督促其对公司重大决策和事务做出独立和专业的判定，降低股东与代理人之间的信息不对称程度。

第五，加强股东对公司高管层权力的监控能力及影响能力，避免 CEO 利用自身权力盲目决策引起公司业绩大幅波动；同时，完善股权结构，避免一股独大，改变中小股东在公司决策制定上的被动局面，提高其参与公司重大决策的权力和积极性。

第六，在公司外部，加强国资委、证监会、独立审计等监管机构对公司 CEO 及管理层的监督作用，实行并完善外派监事会和独立董事机制。

6.2.2 提高投资者保护水平

本书的研究指出，投资者保护机制能够显著地抑制 CEO 权力的过度膨胀，从而降低公司风险承担水平并提高公司成长性，尤其是在国有上市公司中，投资者保护机制的作用效果更加明显。特别是近年来，随着我国证券市场制度性建设步伐的加快，尤其是股权分置改革之后，加强对上市公司管理层行为的监管，加强对投资者利益保护的呼声日益提高。可见，加强对投资者保护的重要性日益凸显，可以考虑从以下四个方面着手进行：

第一，加强对中小投资者权利的立法建设。在投资者保护的立法方面，我国虽然已经构建起以《证券法》和《公司法》为核心的法律体系，形成了一定的宏观立法环境，但总体而言，我国仍属于投资者保护立法情况较差的国家。因此，应继续加强对有关中小投资者权利保护方面的立法建设，完善立法环境，从制度上保证并实现对投资者的有效保护。

第二，加强对投资者保护立法的执行力度。投资者保护水平的高低不仅体现在对投资者保护的立法建设上，还包含着这些法律法规是否得到有效执行，可以说，投资者保护的实施与投资者保护的立法同等重要。因此，在加强对中小投资者权利保护立法的基础上，还要切实有效地落实对投资者保护立法的各项措施的执行，并对各地的执行情况进行有效的披露和监督。

第三，提高我国各地区的经济发展水平和市场化进程。本书研究指出，相对于市场化程度低、政府治理环境差的地区，市场化程度越高、治理环境越好的地区，其执法有效性越强，相应地，投资者保护程度也越高。因此，提高我国各地区的经济发展水平和市场化进程，改善地区间经济和社会发展不平衡的问题，是实现对投资者有力保护的根本保证。

第四，提高上市公司信息披露质量。提高上市公司信息披露质量可以缓解市场信息不对称、降低信息泄露与内幕交易，有效实现对投资者权益的保护。因此，监管部门应进一步规范和完善我国上市公司的信息披露制度，加强对上市公司信息披露质量的要求和监管，尤其要加大对为掩盖真相而操纵数字或者违规披露的公司及其责任人的处罚力度，创造一个更加公平、高效的信息披露制度环境。

需要注意的是，在经济形势较差期间，更应该注意加强对投资者的保护力度，这样才能有效发挥投资者保护对管理层权力的监督，降低公司过度风险承担水平，促进公司和经济尽快地走上健康、平稳的发展道路。

6.2.3 加快职业经理人市场建设

在我国，职业经理人市场尚未完善，上市公司的总经理或 CEO 经常来自于控股股东或者直接由董事长、副董事长兼任，CEO 往往拥有较大的权力，容易做出冒险的决策，加大公司的风险承担水平。同时，我国对职业经理人的激励机制也正处于摸索阶段，长期低水平的激励机制使得职业经理人很可能做出如自定薪酬、过度的在职消费和过度投资等偏离股东利益最大化目标的行为，职业经理人的这种败德行为将置公司经营处于更大的风险之中。因此，加快职业经理人市场建设，培养形成一支专业、合格的职业经理人队伍，完善职业经理人激励机制，如流动竞争机制、考评机制以及薪酬机制，对于我国企业建立现代企业制度，完善法人治理结构，抑制 CEO 高度集权，降低公司风险承担水平、提高公司未来成长性等都有着重要的意义。

6.2.4　改善国有股比例过高和所有者缺位现象

相对于非国有上市公司，国有上市公司中"一股独大"和"所有者缺位"并存现象严重，再加之国有上市公司金字塔式经营链条的不断延伸，使得国有企业面临着更为严重的代理问题，高管层尤其是 CEO 权力不断膨胀，权力高度集中引发的过度的风险承担及较差的成长性已成为国有上市公司不可回避的问题。在国有上市公司中建立起一套规范的、健全的、有效的管理者监管机制，从根本上改变国有上市公司国有股比例过高和所有者缺位的现象是化解国有上市公司过度风险承担，提高公司未来成长的关键着力点。为实现上述目的，可以考虑从以下四个方面着手进行：一是逐步降低竞争性产业的国有股比例，真正实现"国退民进"；二是深化国有经营管理体制改革，落实国有出资人对国有股份的经营主体地位；三是强化国有出资人对国有企业经营者的监督和约束，完善激励和约束机制；四是稳步推进混合所有制改革，如允许国内民间资本和境外战略投资者入股等，完善公司的所有权结构。

6.3　研 究 展 望

虽然本书就公司治理、公司风险与公司成长性之间的关系进行了较为全面、系统的研究，但由于作者的能力、本书的主要研究范围以及篇幅所限，还有许多问题尚待进一步深入探讨：

第一，本书揭示了 CEO 权力越大，公司风险承担水平越高，CEO 权力与公司风险承担水平正相关的关系。但是公司风险承担水平反过来也可能影响公司赋予 CEO 的权力大小。也就是说，为了降低公司面临的风险承担水平，公司可能会相应地提高 CEO 的权力，相反，在较低的公司风险承担水平下，公司也有可能削弱 CEO 拥有的权力。因此，CEO 权力与公司风险承担的这种交互影响也是未来需要进一步研究的问题。

第二，本书对 CEO 权力的刻画只是通过对 CEO 自身的一些特征，如职位特征、所有权特征、学历特征等进行定量描述而取得的，而未能结合问卷调查或者针对公司实际情况进行具体分析，这就有可能使得对 CEO 权力的衡量存在偏误。同时，本书只考虑了 CEO 综合权力强度对公司风险承担的影响，未能进一步揭示合成该综合指标的八个维度指标对公司风险承担的具体影响程度和影响差异。这些都是后续研究中需要进一步完善的一个重要方向。

第三，本书的研究中并没有对公司风险承担进行区分，如划分为系统性风险和非系统性风险、主观风险承担和客观风险承担等。以后的研究可以通过适当的方法将公司风险承担进行进一步区分，以进一步揭示 CEO 权力对不同风险可能存在的不同影响。

第四，本书对投资者保护水平和公司成长性的衡量只是借鉴已有文献成果，且主要基于公开的数据进行衡量，所得结果与我国的实际情况可能还存在着一些出入。因此对于这两个指标的衡量仍需要进一步修正和完善。

第五，目前有关 CEO 权力、投资者保护与公司成长性之间关系方面的研究还较为少见，除了本书中提到的一些影响因素外，公司成长性还可能受到来自市场层面、社会层面和文化层面等其他因素的影响，因此，本书得到的有关三者之间间接相关的研究结论是否稳健还有待于今后继续深入研究。

参考文献

［1］艾尔弗雷德·钱德勒. 看得见的手——美国企业的管理革命［M］.
北京：商务印书馆，1987.

［2］彼得·圣吉. 第五项修炼［M］. 北京：中信出版社，2009.

［3］陈本凤，周洋西，宋增基. CEO 权力、政治关联与银行业绩风险
［J］. 软科学，2013（11）：22 - 26.

［4］陈冬华，陈信元，万华林. 国有企业中的薪酬管制与在职消费［J］.
经济研究，2005（2）：92 - 101.

［5］陈胜蓝，魏明海. 投资者保护与财务会计信息质量［J］. 会计研究，
2006（10）：28 - 35.

［6］陈收，肖咸星，杨艳，等. CEO 权力、战略差异与企业绩效——基
于环境动态性的调节效应［J］. 财贸研究，2014（1）：7 - 16.

［7］陈守东，陶治会. 基于突变级数的创业板成长性研究［J］. 证券市
场导报，2013（4）：50 - 54.

［8］陈晓红，李喜华，曹裕. 技术创新对中小企业成长的影响——基于
我国中小企业板上市公司的实证分析［J］. 科学学与科学技术管理，2009
（4）：91 - 98.

［9］陈晓红，佘坚，邹湘娟. 中小上市公司成长性评价方法比较研究

[J]. 科研管理, 2006 (1): 145 - 151.

[10] 陈晓红, 王琦. 基于成长性的我国中小上市公司价值投资策略 [J]. 系统工程, 2008 (1): 45 - 50.

[11] 程惠芳, 幸勇. 中国科技企业的资本结构、企业规模与企业成长性 [J]. 世界经济, 2003 (12): 72 - 75.

[12] 戴静, 张建华. 金融所有制歧视、所有制结构与创新产出——来自中国地区工业部门的证据 [J]. 金融研究, 2013 (5): 86 - 98.

[13] 邓必银. 创业板上市公司成长性评价研究 [D]. 西南财经大学, 2013.

[14] 段伟宇. 创新型企业股权结构、债务结构与成长性的关系研究——理论分析与经验证据 [D]. 西北大学, 2013.

[15] 樊行健, 刘浩, 郭文博. 中国资本市场应计异象问题研究——基于上市公司成长性的全新视角 [J]. 2009 (5): 141 - 156.

[16] 胡海峰, 李忠. 我国资本市场投资者利益保护与上市公司价值研究 [J]. 数量经济技术经济研究, 2009 (7): 120 - 133.

[17] 胡亚权, 周宏. 高管薪酬、公司成长性水平与相对业绩评价——来自中国上市公司的经验证据 [J]. 会计研究, 2012 (5): 22 - 28.

[18] 黄贵海, 宋敏. 资本结构的决定因素——来自中国的证据 [J]. 经济学 (季刊), 2004 (1): 395 - 414.

[19] 纪志明. 上市公司成长性的行业特征分析 [J]. 华南师范大学学报 (社会科学版), 2005 (10): 62 - 66.

[20] 金建培. 中国上市公司治理结构与成长性 [D]. 浙江大学, 2010.

[21] 李春涛, 胡宏兵, 谭亮. 中国上市银行透明度研究——分析师盈利预测和市场同步性的证据 [J]. 金融研究, 2013 (6): 118 - 132.

[22] 李迎春. 剩余薪酬, 投资者偏好与公司风险承担 [J]. 山东社会科学, 2012 (7): 148 - 150.

[23] 李东红. 云南上市公司的成长性分析 [J]. 云南社会科学, 2011

（2）：86 – 90.

［24］李琳，刘凤委，卢文彬 . 基于公司业绩波动性的股权制衡治理效应研究 ［J］. 管理世界，2009（5）：145 – 151.

［25］李焰，陈才东，姜付秀 . 集团化运作与企业财务风险——基于中国上市集团公司的经验证据 ［J］. 中国会计评论，2008（4）：385 – 404.

［26］李延喜 . 基于价值创造的上市公司成长性研究 ［J］. 经济管理，2008（4）：39 – 44.

［27］林川，曹国华，丘邦翰，等 .CEO 控制权、成长性与审计定价 ［J］. 当代财经，2011（4）：110 – 119.

［28］卢锐，魏明海，黎文靖 . 管理层权力、在职消费与产权效率——来自中国上市公司的证据 ［J］. 南开管理评论，2008（5）：85 – 92.

［29］罗本德 . 公司治理效率与投资者保护——来自中国证券市场的微观证据 ［J］. 经济评论，2008（11）：53 – 61.

［30］吕长江，金超，陈英 . 财务杠杆对公司成长性影响的实证研究 ［J］. 财经问题研究，2006（2）：80 – 85.

［31］吕长江，赵宇恒 . 国有企业管理者激励效应研究——基于管理者权力的解释 ［J］. 管理世界，2008（11）：99 – 109.

［32］吕一博 . 中小企业成长的影响因素研究 ［D］. 大连理工大学，2008.

［33］姜付秀，支晓强，张敏 . 投资者利益保护与股权融资成本——以中国上市公司为例的研究 ［J］. 管理世界，2008（2）：117 – 125.

［34］马歇尔 . 经济学原理 ［M］. 北京：商务印书馆，1997.

［35］牛建波 . 董事会规模的治理效应研究——基于业绩波动的新解释 ［J］. 中南财经政法大学学报，2009（1）：112 – 118.

［36］潘红波，夏新平，余明桂 . 政府干预、政治关联与地方国有企业并购 ［J］. 经济研究，2008（4）：28 – 36.

［37］权小锋，吴世农 .CEO 权力强度、信息披露质量与公司业绩的波动

性——基于深交所上市公司的实证研究 [J]. 南开管理评论, 2010 (4): 142 –
153.

[38] 权小锋, 吴世农, 文芳. 管理层权力、私有收益与薪酬操纵 [J].
经济研究, 2010 (11): 73 – 87.

[39] 任海云. 公司治理对 R&D 投入与企业绩效关系调节效应研究 [J].
管理科学, 2011 (5): 37 – 47.

[40] 沈艺峰, 肖珉, 黄娟娟. 中小投资者法律保护与公司权益资本成
本 [J]. 经济研究, 2005 (6): 115 – 124.

[41] 沈艺峰, 许年行, 杨熠. 我国中小投资者法律保护历史实践的实
证检验 [J]. 经济研究, 2004 (9): 90 – 100.

[42] 宋剑峰. 净资产倍率、市盈率与公司的成长性 [J]. 经济研究,
2000 (8): 36 – 45.

[43] 宋鹏, 黄倩. 我国创业板上市公司成长性测量 [J]. 财经科学,
2012 (1): 66 – 71.

[44] 王克敏, 王志超. 高管控制权、报酬与盈余管理——基于中国上
市公司的实证研究 [J]. 管理世界, 2007 (7): 111 – 119.

[45] 王克敏, 陈井勇. 股权结构、投资者保护与公司绩效 [J]. 管理世
界, 2004 (7): 127 – 133.

[46] 王鹏. 投资者保护、代理问题与公司绩效 [J]. 经济研究, 2008
(2): 69 – 82.

[47] 王清刚, 胡亚君. 管理层权力与异常高管薪酬行为研究 [J]. 中国
软科学, 2011 (10): 166 – 175.

[48] 王晓梅, 姜付秀. 投资者利益保护效果评价研究 [J]. 会计研究,
2007 (5): 74 – 79.

[49] 王跃堂, 陈世敏. 脱钩改制对审计独立性影响的实证研究 [J]. 审
计研究, 2001 (3): 2 – 9.

[50] 位华. CEO 权力、薪酬激励和城市商业银行风险承担 [J]. 金融论

坛, 2012 (9): 61 – 68.

[51] 吴世农, 李常青, 余玮. 我国上市公司成长性的判定分析和实证研究 [J]. 南开管理评论, 1999 (4): 49 – 57.

[52] 夏立军, 方轶强. 政府控制、治理环境与公司价值——来自中国证券市场的经验证据 [J]. 经济研究, 2005 (5): 40 – 51.

[53] 肖东生, 高示佳, 谢荷锋. 高管—员工薪酬差距、高管控制权与企业成长性——中小板上市公司面板数据的实证分析 [J]. 华东经济管理, 2014 (5): 117 – 122.

[54] 肖作平. 资本结构影响因素和双向效应动态模型——来自中国上市公司面板数据的证据 [J]. 会计研究, 2004 (2): 36 – 41.

[55] 谢军. 股利政策、第一大股东和公司成长性——自由现金流理论还是掏空理论 [J]. 会计研究, 2006 (4): 51 – 57.

[56] 谢军. 企业成长性的因素分析——来自上市公司的证据 [J]. 经济管理, 2005 (2): 80 – 88.

[57] 辛清泉, 林斌, 王彦超. 政府控制、经理薪酬与资本投资 [J]. 经济研究, 2007 (5): 110 – 122.

[58] 亚当·斯密. 国民财富的性质及其原因的研究 [M]. 北京: 商务印书馆, 1776.

[59] 杨杜. 企业成长论 [M]. 北京: 中国人民大学出版社, 1995.

[60] 余明桂, 李文贵, 潘红波. 管理者过度自信与企业风险承担 [J]. 金融研究, 2013 (1): 149 – 163.

[61] 曾江洪, 丁宁. 大股东对中小上市公司成长性影响的实证研究 [J]. 预测, 2007 (1): 38 – 43.

[62] 张兵, 范致镇, 潘军昌. 信息透明度与公司绩效——基于内生性视角的研究 [J]. 金融研究, 2009 (2): 169 – 184.

[63] 张程睿. 内部人动机、公司治理与信息披露质量——基于对深圳上市公司的实证分析 [J]. 经济与管理研究, 2010 (5): 10 – 18.

［64］张纯，吕伟. 信息披露、信息中介与企业过度投资［J］. 会计研究，2009（1）：60 – 65.

［65］张冬. 我国创业板上市公司成长性评价及投资价值研究［D］. 西南财经大学，2013.

［66］张金若，陈逢文. CEO 权力、最终控制人性质与 CEO 薪酬权重［J］. 中大管理研究，2012（7）：57 – 76.

［67］张林格. 三维空间企业成长模式的理论模型［J］. 南开经济研究，1998（5）：45 – 49.

［68］张洽，袁天荣. CEO 权力、私有收益与并购动因——基于我国上市公司的实证研究［J］. 财经研究，2013（4）：102 – 110.

［69］张瑞君，李小荣. 金字塔结构、业绩波动与信用风险［J］. 会计研究，2012（3）：62 – 71.

［70］张瑞君，李小荣，许年行. 货币薪酬能激励高管承担风险吗［J］. 经济理论与经济管理，2013（8）：84 – 100.

［71］张三保，张志学. 区域制度差异、CEO 管理自主权与企业风险承担——中国30省高技术产业的证据［J］. 管理世界，2012（4）：101 – 114.

［72］张显峰. 基于成长性和创新能力的中国创业板上市公司价值评估研究［D］. 吉林大学，2012.

［73］张信东，薛艳梅. R&D 支出与公司成长性之关系及阶段特征——基于分位数回归技术的实证研究［J］. 科学学与科学技术管理，2010（6）：28 – 33.

［74］张玉利，徐海林. 中小企业成长中的复杂性管理及知识显性化问题研究［J］. 外国经济与管理，2002（3）：18 – 23.

［75］张宗新，王晓. 上海国际金融中心证券业竞争力评价指标体系的构建与提升［J］. 社会科学，2009（8）：38 – 44.

［76］Acharya V. V. , Amihud Y. , Litov L. 2011, Creditor Rights and Corporate Risk – Taking［J］. Journal of Financial Economics, Vol. 102, No. 1：150 –

166.

[77] Adams R. , Almeida H. , Ferreira D. 2005, Powerful CEOs and Their Impact on Corporate Performance [J]. Review of Financial Studies, Vol. 18, No. 4: 1403 – 1432.

[78] Aguilera R. V. , Filatotchev I. , Gospel H. , et al. 2008, An Organizational Approach to Comparative Corporate Governance: Costs, Contingencies, and Complementarities [J]. Organization Science, Vol. 19, No. 3: 475 – 492.

[79] Almeida H. , Ferreira D. 2002, Democracy and the Variability of EconomicPerformance [J]. Economics and Politics, Vol. 14, No. 3: 225 – 257.

[80] Ardishvili A. , Cardozo S. , Harmon S. , et al. 1998, Towards a Theory of New Venture Growth [R]. Babson Entrepreneurship Research Conference, Ghent, Belgium.

[81] Ashbaugh Skaife, H. , Collins, D. W. , et al. 2006, the Effects of Corporate on Firms' Credit Ratings [J]. Journal of Accounting and Economics, Vol. 42, No. 12: 203 – 243.

[82] Bargeron L. L. , Lehn K. M. , Zutter C. J. 2010, Sarbanes – Oxley and Corporate Risk-taking [J]. Journal of Accounting and Economics, Vol. 49, No. 1: 34 – 52.

[83] Barton J. , Wymire G. 2004, Investor Protection under Unregulated Financial Reporting [J]. Journal of Accounting and Economics, Vol. 38: 65 – 116.

[84] Bebchuk L. A. , Cohen A. , Spamann H. 2010, The Wages of Failure: Executive Compensation at Bear Stearns and Lehman 2000 – 2008 [J]. Yale Journal on Regulation, Vol. 27, No. 2: 257 – 282.

[85] Berndt A. , Hollield B. , Sandas P. 2010, The Role of Mortgage Brokers in the Subprime Crisis [R]. NBER Working Paper.

[86] Bhattacharya U. , Daouk H. Welker M. 2003, The World Price of Earnings Opacity [J]. The Accounting Review, Vol. 78, No. 3: 641 – 678.

[87] Bloomfield R. , Wilks T. 2000, Disclose Effects in the Laboratory: Liquidity, Depth, and the Cost of Capital [J]. The Accounting Review, Vol. 75: 13 - 41.

[88] Board of Governors of the Federal Reserve System. 2011, Incentive Compensation Practices: A Report on the Horizontal Review of Practices at Large Banking Organizations [R]. October.

[89] Boubakri N. , Cosset J. , Saffar W. 2008, Political Connections of Newly Privatized Firms [J]. Journal of Corporate Finance, Vol. 14: 654 - 673.

[90] Boubakri N. , Cosset J. , Saffar W. 2011, Corporate Risk - Taking in Privatized Firms: International Evidence on the Role of State and Foreign Owners [R]. Working Paper, CIRPEE.

[91] Brown S. , Hillegeist S. A. 2007, How Disclosure Quality Affects the Level of Information Asymmetry [J]. Review of Accounting Studies, Vol. 12: 443 - 477.

[92] Bushman R. M. , Smith A. J. 2001, Financial Accounting Information and Corporate Governance [J]. Journal of Accounting and Economics, Vol. 32: 237 - 333.

[93] Chen C. R. , Steiner T. , White A. M. 1998, Risk - Taking and Managerial Ownership in Depository Institutions [J]. Journal of Financial Research, Vol. 19: 1 - 9.

[94] Chen Y. R. , Ma Y. 2011, Revisiting the Risk-taking Effect of Executive Stock Options on Firm Performance [J]. Journal of Business Research, Vol. 64, No. 6: 640 - 648.

[95] Cheng S. J. 2008, Board Size and the Variability of Corporate Performance [J]. Journal of Financial Economics, Vol. 87: 157 - 176.

[96] Child J. 1972, Organization Structure and Strategies of Control: A Replication of the Aston Study [J]. Administrative Science Quarterly, Vol. 17, No. 2:

163 – 177.

[97] Churchill C. , Lewis V. L. 1983, the Five Stages of Small Business Growth [J]. Harvard Business Review, Vol. 3: 30 – 50.

[98] Coase R. H. 1937, the Nature of the Firm [J]. Economics, Vol. 4, No. 16: 386 – 405.

[99] Coffee Jr. 1999, Privatization and Corporate Governance: The Lessons From Securities Market Failure [R]. Columbia Law School Working Paper No. 158.

[100] Coffee Jr. 2001, the Rise of Dispersed Ownership: The Role of Law in the Separation of Ownership and Control [R]. Columbia Law and Economics Working Paper, No. 182.

[101] Coffee Jr. 2002, Racing towards the Top: the Impact of Cross-listings and Stock Market Competition on International Corporate Governance [J]. Columbia Law Review, Vol. 102: 1757 – 1831.

[102] Cole C. R. , He E. , McCullough K. A. , et al. 2011, Separation of Ownership and Management: Implications for Risk – Taking Behavior [J]. Risk Management and Insurance Review, Vol. 14, No. 1: 49 – 71.

[103] Coles J. L. , Daniel N. D. , Naveen L. 2006, Managerial Incentives and Risk-taking [J]. Journal of Financial Economics, Vol. 2: 431 – 468.

[104] Cooper A. C. , Gimeno Gascon F. J. , Woo C. Y. 1994, Initial Human and Financial Capital as Predictors of New Venture Performance [J]. Journal of Business Venturing, Vol. 9: 325 – 371.

[105] Davidsson, Wiklund. 2000, Levels of Analysis in Entrepreneurship Research: Current Practice and Suggestions for Future [M]. Entrepreneurship Theory and Practice.

[106] Daouk H. , Charles C. , Ng D. 2006, "Capital Market Governance: How do Securities Laws Affect Market Performance?" [J]. Journal of Corporate Finance, Vol. 12: 560 – 593.

[107] Delmar F. 1997, Measuring Growth: Methodological Considerations and Empirical Results [M]. In R. Donckels, and A. Miettinen (Eds.), Entrepreneurship and SME Research: On its Way to the Next Millennium, Aldershot, England: Ashgate.

[108] Delmar Frederic, Davidsson Per, William Gartner B. 2003, Arriving at the High – Growth Firm [J]. Journal of Business Venturing, Vol. 3, No. 18: 189 – 201.

[109] Dunne P., Hughes A. 1996, Age, Size, Growth and Survival: UK Companies in the 1980 [J]. Journal of Industrial Economics, Vol. 42, No. 2: 115 – 140.

[110] Durnev A., Morck R., Yeung B. 2004, Value-enhancing Capital Budgeting and Firm – Specific Stock Return Variation [J]. The Journal of Finance, Vol. 59, No. 1: 65 – 105.

[111] Dyck A., L. Zingales. 2003, Private Benefit of Corporate Control: an International Comparison [J]. Journal of Finance, Vol. 59: 537 – 600.

[112] Evans David S. 1987, the Relationship between Firm Growth, Size, and Age: Estimates for 100 Manufacturing Industries [J]. The Journal of Industrial Economics, Vol. 35, No. 4: 567 – 581.

[113] Faccio M., Marchica M., Mura R. 2011a, Large Shareholder Diversification and Corporate Risk – Taking [J]. Review of Financial Studies, Vol. 24, No. 11: 3601 – 3641.

[114] Faccio M., Marchica M., Mura R. 2011b, CEO Gender, Corporate Risk – Taking, and the Efficiency of Capital Allocation [R]. Working Paper, Purdue University.

[115] Fama E., Jensen M. C. 1983, Agency Problem and Residual Claims [J]. Journal of Law and Economics, Vol. 26: 327 – 349.

[116] Fan P. H. J., Wong T. J., Zhang T. 2009, Institutions and Organiza-

tional Structure: The Case of State-owned Corporate Pyramids [R]. SSRN Working Paper.

[117] Finkelstein S. 1992, Power in Top Management Teams: Dimensions, measurement, and validation [J]. The Academy of Management Journal, Vol. 35, No. 3: 505 – 538.

[118] Fogel K., Morck R., Yeung, B. 2008, Big Business Stability and Economic Growth [J]. Journal of Financial Economics, Vol. 89, No. 1: 83 – 108.

[119] Fredrickson, J. W., Hambrick D. C., Baumrin S. 1988, A Model of CEO Dismissal [J]. Academy of Management Review. Vol. 13, No. 2: 255 – 270.

[120] Gompers P. A., Ishii J. L., Metrick A. 2003, Corporate Governance and Equity Prices [J]. Quarterly Journal of Economics, Vol. 118, No. 1: 107 – 155.

[121] Gorsuch R. L. 1983, Factor analysis (2nd ed.) [M]. Hillsdale, NJ: Erlbaum.

[122] Greiner Larry E. 1972, Evolution and Revolution as Organization Grow [J]. Harvard Business Review, Vol. 50: 37 – 46.

[123] Hambrick D. C., Mason P. A. 1984, Upper Echelons: The Organization as a Reflection of Its Top Managers [J]. Academy of Management Review, Vol. 9, No. 2: 193 – 206.

[124] Hambrick D. C., Abrahamson E. 1995, Assessing the Amount of Managerial Discretion in Different Industries: A Multi-method Approach [J]. Academy of Management Journal, Vol. 38: 1427 – 1441.

[125] Haynes K. T., Hillman A. 2010, the Effect of Board Capital and CEO Power on Strategic Change [J]. Strategic Management Journal, Vol. 31, No. 11: 1145 – 1163.

[126] Healy P. M., Palepu K. 2001, Information Asymmetry, Corporate

Disclosure and the Capital Markets: A Review of the Empirical Disclosure Literature [J]. Journal of Accounting and Economics, Vol. 31: 405 – 440.

[127] Henriques, Sadorsky. 1996, the Determinants of Environmentally Responsive Firms: An Empirical Approach [J]. Journal of Environmental Economics and Management, Vol. 30, No. 3: 381 – 395.

[128] Hua Cai. 2007, Bonding, Law Enforcement and Corporate Governance in China [D]. Stanford Journal of Law, Business& Finance, Fall Issue.

[129] Gow Ian D. 2010, Correcting for Cross – Sectional and Time – Series Dependence in Accounting Research [J]. The Accounting Review, Vol. 85, No. 2: 483 – 512.

[130] Ivan E. B., Oded P., John K., et al. 2002, CEO Compensation, Director Compensation, and Firm Performance: Evidence of Cronyism [R]. Working Paper of Rutgers Business School.

[131] Jensen M., Meckling W. 1976, Theory of the Firm: Managerial Behavior, Agency Costs and Ownership Structure [J]. Journal of Financial Economic, Vol. 10, No. 4: 305 – 360.

[132] Jiraporn P., Chintrakapn P. 2012, Capital Structure, CEO Dominance, and Corporate Performance [J]. Journal of Financial Services Research, Vol. 42, No. 3: 139 – 158.

[133] John K., Litov L., Yeung B. 2008, Corporate Governance and Risk-taking [J]. Journal of Finance, Vol. 63, No. 4: 1679 – 1728.

[134] Kim E. H., Lu Y. 2011, CEO Ownership, External Governance, and Risk-taking [J]. Journal of Finance and Economics, Vol. 102, No. 2: 272 – 292.

[135] Krishnan G. V. 2003, Audit Quality and the Pricing of Discretionary accruals [J]. Journal of Practice and Theory, Vol. 22, No. 1: 109 – 126.

[136] Krista B. Lewellyn, Maureen I. Muller – Kahle. 2012, CEO Power and

Risk Taking: Evidence from the Subprime Lending Industry [J]. Corporate Governance: An International Review, Vol. 20: 289 – 307.

[137] Kristina M. Peterson, David A. Smithras and Chaunce R. Windle. 2009, Explication of Interspousal Criticality Bias [J]. Behaviour Research and Therapy, Vol. 47: 478 – 486.

[138] Koerniadi H. , Krishnamurti C. , Tourani – Rad A. 2013, Corporate Governance and Risk – Taking in New Zealand [J]. Australian Journal of Management, Vol. 13: 127 – 150.

[139] Kogan N. , Wallach M. 1996, Modification of Judgmental Style through Group Interaction [J]. Journal of Personality and Social Psychology, Vol. 4: 165 – 174.

[140] La Porta R. , Lopez-de – Silanes F. , Shleifer A. , et al. 1997, Legal Determinants of External Finance [J]. Journal of Finance, Vol. 52: 1131 – 1150.

[141] La Porta R. , Lopez-de – Silanes F. , Shleifer A, et al. 1998, Law and Finance [J]. Journal of Political Economy, Vol. 106: 1113 – 1155.

[142] La Porta R. , Lopez-de – Silanes F. , Shleifer A. , et al. 2000, Agency Problems and Dividend Policies around the World [J]. Journal of Finance, Vol. 55, No. 1: 34 – 45.

[143] La Porta R. , Lopez-de – Silanes F. , Shleifer A. , et al. 2002, Investor Protection and Corporate Valuation [J]. Journal of Finance, Vol. 57, No. 3: 347 – 363.

[144] Lang. 1994, Leverage, Investment, and Firm Growth [R]. The First NTU International Conference on Finance, unpublished working paper.

[145] Lemmon M. , Lins K. 2003, Ownership Structure, Corporate Governance and Firm Value: Evidence from the East Asian Financial Crisis [J]. Journal of Finance, Vol. 58: 1445 – 1468.

[146] Leuz C. , Nanda D. , Wysocki P. D. 2003, Earnings Management and

Investor Protection: An International Comparison [J]. Journal of Financial Economics, Vol. 69: 505 – 527.

[147] Li J. T. , Tang Y. 2010, CEO Hubris and Firm Risk Taking in China: The Moderating Role of Managerial Discretion [J]. Academy of Management Journal, Vol. 53, No. 1: 45 – 68.

[148] Li K. , Griffin D. , Yue H. , et al. 2012, How Does Culture Influence Corporate Risk – Taking? [R]. Available at SSRN 2021550.

[149] Litzenberger, Ross. 1981, Tobin's Q Ratio and Industrial Organiqation [J]. Journal of Business, Vol. 1: 1 – 32.

[150] Low A. 2009, Managerial Risk-taking Behavior and Equity-based Compensation [J]. Journal of Financial Economics, Vol. 92: 470 – 490.

[151] Madhavan A. , 1995. Consolidation, Fragmentation, and the Disclosure of Trading Information [J]. Review of Financial Studies, Vol. 8, No. 3: 579 – 603.

[152] Madhavan A. , Dallas G. S. 2002, Security Prices and Market Transparency [J]. Journal of Financial Intermediation, Vol. 5: 255 – 283.

[153] March J. G. 1966, "Power of Power", in D. Eston (ed.), Varieties of Political Theory [M]. Prentice Hall Press.

[154] Mishra D. R. 2011, Multiple Large Shareholders and Corporate Risk Taking: Evidence from East Asia [J]. Corporate Governance: An International Review, Vol. 19, No. 16: 507 – 528.

[155] Moscovici S. , Zavalloni M. 1969, the Group as a Polarizer of Attitudes [J]. Journal of Personality and Social Psychology, Vol. 12: 125 – 135.

[156] Müller E. 2009, the Benefits of Control, Capital Structure, and Company Growth [J]. Journal of Banking & Finance, Vol. 33: 621 – 632.

[157] Nakano M. , Nguyen P. 2012, Board Size and Corporate Risk Taking: Further Evidence from Japan [J]. Corporate Governance: An International Review, Vol. 20, No. 4: 369 – 387.

[158] Nelson R. R. , Winter S. G. 1982, an Evolutionary Theory of Economic Change [M]. Cambridge MA: Belknap Press.

[159] Nenova T. 2003, The Value of Corporate Voting Rights and Control: A Cross-courntry Analysis [J]. Journal of Financial Economics, Vol. 68: 325 – 351.

[160] Paligorova T. 2010, Corporate Risk Taking and Ownership Structure [R]. Bank of Canada Working Paper.

[161] Patel S. A. , Dallas G. S. 2002, Transparency and Disclosure: Overview of Methodology and Study Results [R]. SSRN Working Paper.

[162] Penrose E. T. 1959, the Theory of the Growth of the Firm [M]. New York: John Wiley & Sons.

[163] Peters M. P. , Brush C. G. 1996, Market Information Scanning Activities and Growth in New Ventures: A Comparison of Service and Manufacturing Businesses [J]. Journal of Business Research, Vol. 36, No. 1: 81 – 89.

[164] Pietro F. Peretto. 1999, Industrial Development, Technological Change, and Long – Run Growth [J]. Journal of Development Economics, Vol. 59: 389 – 417.

[165] Pistor K. , Raiser M. , Gelfer S. 2000, Law and Finance in Transition Economies [J]. Economics of Transition, Vol. 8, No. 2: 325 – 368.

[166] Pfeffer J. 1981, Power in Organizations [M]. Cambridge, MA: Ballinger Publishing Company.

[167] Porter M. E. 1980, Competitive Strategy [M]. New York: Free Press.

[168] Prahalad C. K. , Hamel G. 1990, the Core Competence of The Corporation [J]. Harvard Business Review, Vol. 68, No. 3: 79 – 91.

[169] Rajan Raghoram G. , Zingales Luigi. 1995, What Do We Know about Capital Structure? Some Evidence from International Data [J]. Journal of Finance, Vol. 50: 1421 – 1460.

［170］Sah R. K. , Stiglitz J. 1986, the Architecture of Economic Systems: Hierarchies and Ployarchies ［J］. American Economic Review, Vol. 6: 716 – 727.

［171］Sah, R. K. , J. Stiglitz. 1991, the Quality of Managers in Centralized versus Decentralized Organizations ［J］. Quarterly Journal of Economics, Vol. 106: 289 – 295.

［172］Schumpeter J. A. 1934, The Theory of Economic Development ［M］. Cambridge: Harvard University Press.

［173］Scott K. E. 2008, the Role of Corporate Governance in Coping with Risks and Unknowns ［R］. Working Paper, SSRN.

［174］Shleifer Andrei, Daniel Wolfenzon. 2002, Investor Protection and Equity Markets ［J］. Journal of Financial Economics, Vol. 66, No. 1: 3 – 27.

［175］Singh J. 1986, Performance, Slack, and Risk Taking in Organizational Decision Making ［J］. Academy of Management Journal, Vol. 29: 562 – 585.

［176］Stigler George J. 1975, the Citizen and the State: Essays on Regulation ［M］. University of Chicago Press.

［177］Teece D. J. , Pisano G. , Ashuen. l997, Dynamic Capabilities and Strategic Management ［J］. Strategic Management, Vol. 18, No. 3: 509 – 533.

［178］Thomas R. Eisenmann. 2002, the effect of CEO Equity Ownership and Firm Diversification of Risk Taking ［J］. Strategic Management Journal, Vol. 23: 513 – 534.

［179］Wernerfelt B. A. 1984, Resource – Based View of the Firm ［J］. Strategy Management Journal, Vol. 16: 171 – 174,

［180］Williamson Oliver E. 1975, Market and Hierarchies ［M］. New York: Free Press.

［181］Williamson Oliver E. 1985, the Economic Institutions of Capitalism ［M］. New York: Free Press.

[182] Wright P. S. , Ferris P. , Sariri A. , et al. 1996, Impact of Corporate Insider, Blockholder, and Institutional Equity Ownership on Firm Risk Taking [J]. The Academy of Management Journal, Vol. 39: 441 –463.

[183] Wright P. S. , Kroll M. , Krug J. A. , et al. 2007, Influences of Top Management Team Incentives on Firm Risk Taking [J]. Strategic Management Journal, Vol. 28, No. 1: 81 –89.

[184] Zahra. 2000, Entrepreneurship in Medium – Size Companies: Exploring the Effects of Ownership and Governance System [J]. Journal of Management, Vol. 26: 947 –976.

[185] Zald Mayer N. 1969, the Power and Functions of Boards of Directors: A Theoretical Synthesis [J]. American Journal of Sociology, Vol. 75: 97 –111.

后 记

至此，我的博士学位论文终于可以画上一个圆满的句号了。回顾攻读博士学位的这段日子，心中百感交集。从刚刚入学时的迷茫，到深入研究领域的兴奋；从无从选题时的绝望，到最终定题后的欣喜；从查找数据的步步艰辛，到文章轮廓初显的拨云见日；从无数次思路中断的痛苦，到篇幅日渐增加的喜悦；个中甘苦，让我由衷体会到做学问的不易和坚持的重要。如今，这本专著付梓，我无法忘记为此付出的艰辛和努力，更无法忘记曾经给予我大力支持和无私帮助的良师、益友和亲人们。

衷心感谢我的博士指导老师王振山教授。从论文的选题、结构的安排、语言的组织、结果的分析乃至文字的校订，王老师都倾注了大量心血。特别是在我思路枯竭、迷茫不前时，王老师像一盏指路明灯，不断照亮我前行的道路，给了我坚持下去的力量。同时，王老师高尚的人品、渊博的学识、严谨的学风、博大的胸怀、淡泊名利的心态和平易近人的态度使我深深地感受到为人师者的魅力，他的言传身教让我终生受益。有幸师从王振山教授，是我一生的荣幸，也是人生道路上最珍贵的收获！

还要感谢我的硕士指导老师刘晓梅教授。她不仅引领我迈上了学术研究的道路，而且在我硕士学习期间给予了我无微不至关怀。也正是刘老师的积极推荐，才使我顺利走上了攻读博士学位的道路。"师恩深似海"，千言万语难表我感恩之怀，唯有永远铭记在心！

　　感谢东北财经大学金融学院的邢天才教授、赵进文教授、王志强教授、史永东教授和董普教授，他们渊博的专业知识与精彩的课堂讲授带给我许多启迪，我在增长学识的同时也感受到了大师的风范。感谢孙刚教授、王月溪教授等诸位老师在预答辩过程中对本书提出的宝贵意见。还有其他一些老师，在此无法一一提及，一并谢过。

　　感谢王立元博士、李翔博士、康书隆博士、王江石博士、战宇博士、张琦博士和宋书彬博士，在我的博士学习和论文写作过程中给予了很多的帮助和指点。感谢马丽华博士、宇文晶博士、李爱玲博士、王秉阳博士、刘艳博士、张果博士和周凤珍博士，与你们的交流使我受益匪浅，与你们一起学习快乐无比，正是有了你们的陪伴和鼓励，我的博士学业才能得以更好地坚持，我的学习生活才变得有滋有味，我将永远珍惜我们之间的这份深厚友谊！也预祝马丽华博士、宇文晶博士、王秉阳博士和刘艳博士早日完成博士论文工作，向人生更高目标迈进！

　　最后，要特别感谢我的母亲、公婆、爱人马相坤先生和儿子马逸凡小朋友。感谢他（她）们对我的理解、信任、关心以及为我所作的一切，正是他（她）们无私的爱和全力的支持才使我得以顺利完成学业，未来我将以我全部的挚爱和陪伴予以回报！

　　一个终点意味着一个新的起点，带着感恩的心，我将踏上一个新的征程，愿以最勤奋的努力和最好的成绩答谢那些关爱我的人！

李海霞

2015 年 5 月 28 日